Alberto Benegas Lynch (h)

SOCIALISMO DE MERCADO
ENSAYO SOBRE UN PARADIGMA POSMODERNO

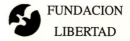

Diseño de Cubierta: SRP Diseño & Comunicación

1º Edición: Noviembre 1997

© 1997, Alberto Benegas Lynch (h)

Derechos reservados en toda edición en castellano

ISBN: 987-9216-18-0

© 1997, Ameghino Editora S.A. / Fundación Libertad
Córdoba 1411, Rosario - Argentina

Hecho el depósito que prevé la Ley 11.723

Prohibida su reproducción total o parcial, incluido el diseño de cubierta,
por cualquier medio sin expresa autorización del editor.

*A todos los socialistas
de buena voluntad.*

Indice

Prólogo 7
Una nota acerca del subtítulo 11
Si son paralelas, no son perpendiculares 19
John Stuart Mill 25
Ronald Dworkin 34
John Rawls 41
Jorge Castañeda 56
Lester C. Thurow 75
Frank Roosevelt 101
James Tobin 112
David Winter 125
David Miller 141
John E. Roemer 149
Otros autores 164
Addendum 166
Indice de autores 175

Prólogo

Cuando se produjo la caída del Muro de Berlín y el consiguiente derrumbe del comunismo en Europa del Este, muchos pensaron que había llegado la hora final del socialismo y que, desde entonces solo cabía esperar opciones dentro del "capitalismo democrático".

Transcurrido desde entonces un corto tiempo ha quedado demostrado el excesivo optimismo de aquellas predicciones. La reaparición de los nacionalismos en sus formas más retrógradas, las reformas económicas "mercantilistas" -antes que genuinamente capitalistas- realizadas en muchos países en especial latinoamericanos, la virulencia de ciertos postulados ecologistas que reclaman mas intervencionismo estatal y planificación de la economía para resolver los problemas del medio ambiente, son algunas de las grandes amenazas la libertad, no imaginados por cierto por aquellos que con ingenuidad o inconsciencia anunciaban pomposamente el fin de la historia.

Sin embargo, de todos los desafíos a la sociedad abierta, ninguno aparece tan trabajado, tan elaborado intelectualmente ni con tantos adeptos como el llamado socialismo de mercado, a cuyo tratamiento se aboca en estas páginas Alberto Benegas Lynch (h).

Convencidos del fracaso del socialismo en su forma tradicional, quienes sostienen esta nueva variante proponen la convivencia -el "matrimonio por conveniencia" en el decir de uno de los intelectuales que se analiza- entre formas de producción basadas en el mercado y de distribución "socialista", es decir redistribución del ingreso orientada por el estado. En el fondo, la vieja idea de separar producción y distribución, que encuentra en John Stuart Mill su antecedente más remoto.

Los diez autores analizados por el autor -además de Mill, Dworkin, Rawls, Castañeda, Thurow, Roosevelt, Tobin, Winter, Miller y Roemer- coinciden, con distintos matices y diferente terminología, en la necesidad de que el estado tenga un activo rol y "corrija" al mercado, redistribuyendo el ingreso en favor de los pobres y de aquellos que carecen de talentos o patrimonios suficientes.

Para ello proponen distintas ideas que van desde la planificación indicativa hasta la expansión de monopolios artificiales, pasando por impuestos progresivos, proteccionismo, gastos públicos y endeudamientos crecientes, y toda una gama de medidas que por cierto han causado la decadencia económica de innumerables países, Argentina entre ellos.

Con claridad y profundidad, Benegas Lynch analiza a estos diez autores -curiosamente intelectuales de muy diversas especialidades, universidades y países-, refutando uno a uno sus principales argumentos.

Separar la producción de la distribución es imposible, ya que se trata del mismo proceso. La redistribución genera malinversión de recursos, lo que a su vez hace que se consuma capital, resultando de este proceso menores ingresos y salarios. De esta forma, cuando el estado intervie-

ne en la economía, redistribuyendo coactivamente, termina generando un efecto exactamente inverso al buscado, perjudicando en especial a los mas desposeídos.

También refiere el autor la importancia de la igualdad ante la ley que desde luego no es lo mismo que la llamada igualdad de oportunidades, la que desconoce el carácter singular de cada ser humano. Y de paso, responde a la peregrina idea de que la libertad solo sirve si poseen ciertos recursos materiales, demostrando contundentemente que es justamente el sistema social basado en la libertad el que permite mejoras económicas y sociales a los sectores mas marginados, como bien lo muestra la experiencia internacional.

El socialismo de mercado es imposible, concluye el Dr. Benegas Lynch, es una contradicción en sí mismo. No puede haber mercado sin propiedad privada y sin la consiguiente libertad contractual. La corrección de los mercados y la redistribución coactiva de la producción alteran y anulan el funcionamiento de los mercados y son especialmente perjudiciales para la sociedad.

Con implacable rigor intelectual, pero también con un gran respeto hacia los adversarios -y siguiendo la tradición de Hayek, sin atribuirles a estos mas que el error intelectual- Alberto Benegas Lynch (h) asume en estas páginas indispensables la dura tarea de responder a uno de los mayores desafíos de fines de siglo.

Para la Fundación Libertad y para mí personalmente, es un gran honor presentar este libro, que sabemos será un oportuno y valioso aporte en el debate de las ideas.

GERARDO BONGIOVANNI
Director General
Fundación Libertad

Una nota acerca del subtítulo

When language becomes depraved, it is followed by ruin and degradation.

John Milton, 1638

Cuando se alude al posmodernismo se entienden muchas cosas. Es tal vez la expresión multívoca por excelencia. El subtítulo del libro que aquí presentamos sobre el socialismo de mercado se refiere a *un* paradigma posmoderno y no a *el* paradigma o arquetipo, puesto que no hay tal cosa. Curiosamente, en la misma idea de posmodernidad se encuentra la posibilidad de la interpretación diversa -casi diría abierta- de esa expresión. Denis Donoghue subraya que "A todo estudiante de la cultura moderna se le requiere que tome una posición respecto del modernismo y el posmodernismo aunque no queda claro qué significan esas palabras. Aparentemente significan cualquier cosa que queramos que signifiquen."[1] Efectivamente "[...] una de las cosas que enfatiza el posmodernismo es que, de hecho, no hay tal cosa como el sen-

---

[1] "The Promiscuous Cool of Posmodernism", *The New York Times Book Review*, junio 22 de 1986.

tido *propio* de nada"² (lo cual, por cierto, debe incluir la propia escuela que así se expresa). Esta columna vertebral de la posmodernidad la asimilamos a muchos de los autores que hemos agrupado en la línea del socialismo de mercado, principalmente debido a la forma de usar desaprensivamente ciertos términos, aunque aquella postura se suele complementar con una solemne declaración del "fin de la filosofía" y la imposibilidad de conocer tal cosa como la realidad y, por tanto, adopta una epistemología (o anti-epistemología) que mantiene que no hay tal cosa como "verdad objetiva"[3].

Hay un salto lógico en esta última postura: del hecho de que se requiera un gran esfuerzo para incorporar fragmentos adicionales de tierra fértil en el mar de ignorancia en que nos debatimos, no se sigue que no sea posible conocer la realidad[4]. El relativismo y el escepticismo se contradicen a sí mismos ya que al afirmar que todo es

---

[2] G.B. Madison "Postmodern Philosophy?", *Critical Review*, vol. 2, # 2 & 3, primavera/verano de 1988, p. 167. Véase también del mismo autor "The Philosophic Centrality of the Imagination: A Postmodern Approach", *The Hermeneutics of Postmodernity: Figures and Themes* (University of Indiana Press, 1988), G.B. Madison ed.
[3] Jean-Francois Lyoart *The Post-Modern Condition* (The University of Minnesota Press, 1984), p. 46 y ss.
[4] *Vid.* Karl R. Popper "Las dos caras del sentido común: argumentos en pro del realismo..." *Conocimiento objetivo* (Madrid: Tecnos, 1974) cap. 2 [1965].

relativo se convierte esa afirmación en relativa y sostener que la mente humana no es capaz de aprehender la verdad invalida eso mismo que se sostiene. Si esto último fuera correcto no tendría sentido la actividad científica. Mantener que las verdades son provisorias y sujetas a refutación para nada implica que la discusión abierta y el juicio crítico no permitan aumentar el conocimiento sobre nosotros y el mundo que nos circunda. Muy por el contrario, es el procedimiento para correr el eje del debate y explorar nuevas avenidas que ensanchen nuestros horizontes cognitivos, en un arduo peregrinaje de rectificaciones y confirmaciones que no tiene término. Por esto es que consideramos que nada ilustra mejor la mente abierta que requiere el liberalismo que el lema de la Royal Society de Londres: *nullius in verba*, una expresión resumida de un pensamiento de Horacio que significa que no hay última palabra, que no hay entre los mortales autoridad definitiva.

Elegimos el subtítulo de marras precisamente porque, como queda dicho, el socialismo de mercado en los hechos toma un aspecto central de la posmodernidad: utiliza términos clave en el debate de ideas en sentidos diversos y contrarios a su significado específico[5] configu-

---

[5] Véase Frederich A. Hayek *The Fatal Conceit: The Errors of Socialism* (Londres: Routledge, 1988), cap. VI titulado "Nuestro

rando un peculiar sincretismo que pretende conciliar el ucase con el respeto. Entraremos de lleno en el análisis del socialismo de mercado en el cuerpo de este libro, pero ahora incluimos en esta especie de digresión preliminar una reflexión sobre una vertiente hermenéutica, estrechamente emparentada con la posmodernidad.

En lugar de interpretar los textos según lo que dice el autor, la posmodernidad deconstructivista, en la práctica, abre las puertas a una interpretación ilimitada por parte del lector[6]. Este último carril nos debe preocupar porque dificulta la comunicación y el conocimiento de lo que dice el texto, lo cual, para una adecuada interpretación, de más está decir, requiere ponerlo en contexto y, asimismo, debido a que el lenguaje responde a un proceso

---

lenguaje envenenado" el que encabeza con un acápite de Confucio: "Cuando las palabras pierden su significado, las personas pierden su libertad", p. 106.

[6] Allan Bloom explica que en el deconstructivismo "[...] no hay texto, solamente interpretación. Por tanto, lo que es más necesario para nosotros, el conocimiento de lo que el texto nos dice, se transforma en subjetividad [...]", *The Closing of the American Mind* (New York: Simon & Schuster, 1987) p. 379 y Guy Sorman, al mostrar la interconexión del deconstructivismo con el relativismo como parte del *political correctness*, señala que, en esta escuela, "[...] lo que el estudiante piensa sobre el autor es más importante que lo que el autor ha escrito." *The Immigrant and the Drug Addict* (Nueva Delhi: Vikas Pub. House, 1993) p. 116.

evolutivo[7], exige que las palabras se las entienda según el momento en que fueron vertidas[8]. Edward D. Hirsch advierte el peligro de la primera forma de interpretar textos y, con razón, dice, entre otras cosas, que constituye una falta de respeto para con el autor y que de ese modo se pierde el verdadero significado del mensaje que trasmite el texto.[9] En este campo también cabe el procedimiento popperiano de la refutación y las corroboraciones provisorias, marco que conduce a la postura de Popper respecto al conocimiento y a la verdad.[10]

Otra de las corrientes hermenéuticas -esta vez vinculada a la economía- si bien tiene algo en común con el primer carril señalado, muestra un costado que nos parece fértil. Los autores principales de esta corriente de pensamiento son Ludwig M. Lachmann y Don Lavoie[11]. La

---

[7] Véase Noam Chomsky *Language and Mind* (New York: Harcourt Brace Jovanovich, 1972), [1968], p. 12 y ss.

[8] *Vid.* Umberto Eco, *Los límites de la interpretación* (Barcelona: Editorial Lumen, 1992), [1990] y, del mismo autor, "Interpretación e historia", *Interpretación y sobreinterpretación* (Cambridge University Press, 1995), [1992], Umberto Eco ed.

[9] *Validity in Interpretation* (Yale University Press,1967) p.6-7.

[10] K.R. Popper, Introducción a *Conjetures and Refutations* (Londres: Routledge, 1972).

[11] Por ejemplo, "Economics as a Hermeneutical Discipline" (George Mason University, 1986) y "Understanding Differently: Hermeneutics and the Spontaneous Order of Communicative Processes", *Carl Menger and his Legacy in Economics* (Duke University Press, 1990) Bruce J. Caldwell ed., respectivamente.

fertilidad consiste en el énfasis hermenéutico en cuanto a la valuación subjetiva de los sucesos que ocurren en el mercado por una parte, y, por otra, la utilización de la hermenéutica para facilitar la conversación y el debate ya que los interlocutores no reciben los mensajes como un *scanner*, los interpretan y esto, siempre según los autores mencionados, hace que la comunicación no sea una de suma cero donde simplemente se reubica información sino que permite expandir el conocimiento. Pero como hemos dicho, en la medida en que se acercan a la primera "forma de interpretar", a nuestro juicio, incurren en los errores que hemos consignado.

Como veremos en el transcurso del trabajo, tras el andiamaje conceptual del socialismo de mercado existen múltiples interpretaciones del binomio en cuestión que, como decimos en el *addendum*, agregan un elemento perturbador adicional al ya largo y por momentos complejo debate entre liberales y socialistas, aun reconociendo a estos últimos ciertos discursos valiosos que ayudan a preservar las autonomías individuales y, consecuentemente, la defensa del derecho o, si se quiere, de aquel pleonasmo que ha dado en llamarse "derechos humanos" (como si las plantas, los animales y los minerales pudieran ser sujetos de derecho).

SOCIALISMO DE MERCADO

Para cerrar este breve introito, dejamos planteado un punto que esperamos se complete su comprensión en el transcurso del trabajo que sigue y es este: nos parece que la reiterada afirmación de que "el mercado no lo resuelve todo" navega entre la perogrullada y el equívoco; sin duda que el mercado no puede resolver cosas tales como las condiciones metereológicas, pero expresa y encauza las preferencias lícitas de la gente. Resulta incompatible con una sociedad abierta mantener que las personas no debieran ocuparse de sus propios asuntos o, lo que es lo mismo, que "no deberían dejarse en manos del mercado" ya que esto último se traduce en millones de arreglos contractuales que lleva a cabo la gente. En gran medida, este equívoco, muchas veces se produce cuando los postulados liberales no se explicitan en el grado suficiente. Esto ocurre cuando se dice, por ejemplo, que "el mercado requiere tal cosa" o que "el mercado muestra tal otra" lo cual puede interpretarse como un antropomorfismo, como si el mercado fuera una persona que siente, habla y piensa, sin precisar que se trata de un proceso en el que participan millones de personas concretas que ponen de manifiesto sus preferencias, sus gustos y sus deseos. Entre otras, esta aclaración puede contribuir a facilitar el antes mencionado debate entre socialistas y liberales... tal vez deberíamos decir *diálogo* que es más cordial y revela un mayor cuidado en el trato.

El futuro dependerá del resultado de tamizar teorías en competencia y las consiguientes contribuciones que seamos capaces de presentar. No hay tal cosa como "el sentido de la historia" o "la inexorabilidad de los acontecimientos". El historicismo de Fukuyama[12] no es más que un marxismo al revés. Para bien o para mal la influencia intelectual moldea los hechos, pero lo uno y lo otro no son necesariamente procesos lineales ni homogéneos: recordemos que en un mismo año cayó un muro y se levantó otro cuando un fanático sentenció a muerte a un escritor. En todo caso, si se pretende que el diálogo resulte fructífero y se proyecte algo de luz en los zigzagueantes y muchas veces escurridizos acontecimientos, deben evitarse las expresiones ambiguas aparentemente tan caras a la influyente posmodernidad.

ABL (h)

---

[12] "The End of History?", *The National Interest*, John M. Olin Center for Inquiry into the Theory and Practice of Democracy, Chicago, IV, 1988.

> *Do I contradict myself?*
> *Very well, then, I contradict*
> *myself.*
>
> Walt Whitman, 1855

1. Si son paralelas, no son perpendiculares

La condición natural del hombre es la pobreza, las hambrunas, las pestes y la consiguiente desolación. Durante muchos milenios ésa fue la situación de los pobladores de este planeta. Hace no mucho tiempo sólo una minoría privilegiada que vivía a expensas del resto pudo sustraerse parcialmente de aquella miseria. Recién a partir de la Revolución Industrial lentamente se abrió camino el progreso material más generalizado: los índices de mortandad infantil fueron descendiendo, los salarios aumentaron y la expectativa de vida se extendió notablemente. Recién a partir de la Revolución Industrial se comenzó a tener conciencia de "la cuestión social", a partir de entonces poco a poco comienzan a llevarse registros de la evolución de salarios y, en general, de la expectativa de mayores ingresos, puesto que, hasta entonces, se daba por sentado que la condición normal del "hombre común" era la pobreza extrema.[13]

Los recursos son escasos para atender múltiples y crecientes necesidades. No hay discusión en cuanto a las metas de mayor bienestar y justicia para todos, el debate se circunscribe a los medios para lograr aquellos propósitos. La existencia de escasos recursos requiere de la institución de la propiedad para que los usos alternativos de los factores productivos se asignen a las áreas más productivas. La propiedad se origina con el primer ocupante y luego se transmite por procedimientos libres y voluntarios a través de arreglos contractuales o por procedimientos violentos a través del robo. La transferencia pacífica de la vía contractual es la que asigna la propiedad a manos de los más eficientes para satisfacer las necesidades del prójimo. Quienes no aciertan en satisfacer los reclamos de los consumidores se ven obligados a renunciar a su propiedad a través de los correspondientes quebrantos.

El uso más productivo de la propiedad permite que se optimicen las tasas de capitalización, lo cual a su turno

---

[13] Véase, por ejemplo, F.A. Hayek (ed) *Capitalism and the Historians* (University of Chicago Press, 1954), Norman J.G. Pounds *Hearth and Home: A History of Material Culture* (Indiana University Press, 1989) esp. cáp. VI y C.G. Hanson (ed) *The Long Debate on Poverty* (Londres: The Institute of Economic Affairs, 1974).

-como una consecuencia no buscada- hace que los salarios e ingresos en términos reales se eleven. Esta externalidad positiva se observa en todos los casos: a medida que crece la inversión *per capita* el rendimiento del trabajo aumenta. El traslado de trabajadores desde países con estructuras de capital relativamente débiles hacia aquellos que cuentan con mayores inversiones hace que sus salarios se vean incrementados. Esto ocurre debido a que los instrumentos de producción de mayor rendimiento permiten productividades *per capita* más elevadas. Asimismo, a medida que las tasas de capitalización aumentan se libera trabajo humano para encarar otras tareas hasta el momento inconcebibles debido, precisamente, a que estaban esterilizadas en las áreas que ahora abarcan las nuevas tecnologías. Con este proceso no sólo aumenta la cantidad disponible de bienes y servicios sino que el trabajo humano tiende a reubicarse en tareas propiamente humanas y menos mecánicas. Así es que, por ejemplo, en aquellos lugares donde la estructura de capital es relativamente elevada no existe tal cosa como servicio doméstico o "mucamas": no es que al ama de casa norteamericana no le gustaría disponer de este servicio, es que sencillamente no lo puede afrontar. Si una persona que proviene de un país muy pobre tiene la costumbre de hacerse abanicar a la hora de la siesta en su país de origen, se trasladara a un país rico, se verá obligada a abandonar semejante costumbre puesto que para conseguir abanicadores habrá que competir con las sumas elevadas que en este último caso perciben quienes están empleados en tareas más productivas respecto de aquellas de la primera región.

El proceso de mercado, es decir, aquel en el que se producen millones de arreglos contractuales, debe verse como un proceso de suma positiva, a diferencia de lo que ocurre cuando los procesos no son voluntarios, esto es -para seguir con la terminología de la teoría de los juegos- el resultado es la suma cero: lo que gana uno, necesariamente lo pierde el otro. Los arreglos libres y voluntarios hacen que ambas partes ganen, lo cual eleva la riqueza conjunta y, como queda dicho, los procesos de capitalización hacen que los fuertes trasmitan su fortaleza a los débiles como una consecuencia impensada (y muchas veces no querida), al contrario de lo que se sostiene a través de la improcedente extrapolación denominada "darwinismo social".

Desde luego que la asignación de recursos (o la distribución de la propiedad) no responde a la eficacia de cada cual para servir a sus semejantes cuando quien produce lo hace en base a privilegios y dádivas de diverso orden tal como el establecimiento de mercados cautivos, protecciones arancelarias, subsidios fiscales, etc. En este caso, la referida distribución es consecuencia de la expoliación a otros lo cual es naturalmente opuesto a lo que ocurre en una sociedad abierta.

Después de la caída del muro de Berlín, no pocos intelectuales socialistas aparecen *aggiornados*: unos, sin embargo, se niegan a reconocer el fracaso del socialismo alegando que lo que en verdad sucumbió no fue el "socialismo real" sino una fantochada burocrática de raíces stalinistas. Los más, en cambio, parecen haber tomado distancia de este tipo de disquisiciones y centran sus esfuerzos en una reformulación del socialismo. Esta última vertiente, a su vez, abarca dos grandes áreas: aquella que introduce la tradición de pensamiento socialista a través de propuestas vinculadas al medio ambiente y aquella que presenta las características de lo que algunos han bautizado como "socialismo de mercado" (en verdad una contradicción en términos, del mismo modo que dos rectas paralelas no pueden, simultáneamente, ser perpendiculares). Quienes trabajan en la primera área se resisten a aceptar que la asignación de derechos de propiedad minimizará aquello que Hardin ha denominado "la tragedia de los comunes"[14], ya sea para resolver problemas vinculados a la extinción de especies animales, como

---

[14] Garret Hardin "The Tragedy of the Commons", *Science*, 162, 1968.

también los generados por el exceso de decibeles, la polución de ríos, polución del aire que respiramos a través del monóxido de carbono, la lluvia ácida que produce el dióxido de sulfuro, los clorofluorcarbonos que afectan la capa de ozono o el dióxido de carbono que produce el "efecto invernadero".

En este ensayo vamos a concentrar nuestra atención en algunos de los autores que presentan los ingredientes básicos del llamado "socialismo de mercado" puesto que existe una extensa bibliografía respecto de los temas discutidos en la primera de las áreas mencionadas[15].

Desde la perspectiva del socialismo de mercado se pretende fundamentar el andamiaje analítico de las políticas distributivas. Es más, no parece posible entender el punto de vista redistribucionista ni encarar seriamente su refutación sin haber recorrido previamente los andariveles que presentan estas políticas que genéricamente se inclu-

---

[15] Especialmente Dixty L. Ray *Trashing the Planet* (Washington, D.C.: Regnery, 1990), Terry L. Anderson y Donald R. Leal *Free Market Environmentalism* (San Francisco, CA: Pacific Research Institute, 1991), Julian L. Simon *The Ultimate Resource* (Princeton University Press, 1981), Wilfred Beckerman *Pricing for Pollution* (Londres: The Institute of Economic Affairs, 1990), Jo Ann Kwong *Market Environmentalism* (The Chinese University Press, 1990), Matt Ridley *Down to Earth: Combating Environmental Myths* (Londres: The Institute of Economic Affairs, 1996), Robert C. Balling *The Heated Debate* (San Francisco, CA: Pacific Research Institute, 1992) y Alberto Benegas Lynch (h) y Martín Krause *Proyectos para una sociedad abierta* (Buenos Aires: Abeledo-Perrot, 1993) tomo I, cap. III.

yen explícita o implícitamente en el socialismo de mercado. A través de la glosa de textos que a continuación estudiaremos, intentaremos mostrar que, en definitiva, por este camino se aumenta la pobreza en lugar de reducirla.

2. John Stuart Mill

Aunque sin utilizar esta denominación a que se recurrió mucho más adelante, la tradición del socialismo de mercado se origina nada menos que en John Stuart Mill. Nada menos porque si se lee, por ejemplo, *On Liberty*[16] de este autor surge una contradicción con un punto clave de otra de las obras en la que aparentemente sin advertirlo abre las puertas para un sistema muy distinto del que expresamente suscribe. En esa obra, una de las más difundidas de su autoría, utilizada como libro de texto durante décadas (incluyendo la Facultad de Ciencias Económicas de la Universidad de Buenos Aires), Mill explica que

> "Quiéralo o no el hombre, su producción estará limitada por la magnitud de su acumulación previa y,

---

[16] *Cfr.* "La única libertad que merece ese nombre es la de buscar nuestro propio bien a nuestra manera, siempre que no impidamos a otros los esfuerzos tendientes a obtener lo mismo." (New York: Pinguin Classics, 1985) p. 72 [1859].

partiendo de ésta, será proporcional a su actividad, a su habilidad y a la perfección de su maquinaria y al prudente uso de las ventajas de la combinación del trabajo [...] No sucede lo propio con la distribución de la riqueza. Esta depende tan solo de las instituciones humanas. Una vez que existen las cosas, la humanidad, individual o colectivamente, puede disponer de ellas como le plazca. Puede ponerlas a disposición de quien le plazca y en las condiciones que se le antojen"[17].

A partir de este tratado (986 páginas en su segunda edición española) los sucesivos textos de economía comenzaron a tratar sistemáticamente producción y distribución como dos procesos independientes y separados entre sí. A este enfoque siguió el tratamiento de agregados como el producto bruto nacional, por un lado, y el ingreso nacional por otro. Esta forma de tratar el análisis económico hizo que surgiera el espejismo de que se está frente a una cantidad producida y, sin indagar demasiado cuál fue el proceso por el cual apareció, se abren las puertas al debate para considerar en qué direcciones y por qué canales se distribuirá el producto.

---

[17] *Principios de economía política* (México: Fondo de Cultura Económica, 1951) p. 191 [1848].

SOCIALISMO DE MERCADO

Esta forma de abordar la producción y la distribución en departamentos estancos desdibuja y distorsiona por completo la naturaleza del proceso económico. Producción y distribución son dos caras de un proceso único e indivisible. En realidad, ni siquiera hay la secuencia producción-distribución. Desde luego, no se puede distribuir lo que no se produce pero tampoco se puede producir lo que no se distribuye puesto que, como queda dicho, forma parte del mismo hecho. La distribución es el destino de la producción. Se trata de la cara y la contracara de la misma moneda. Dados los recursos escasos, las necesidades ilimitadas y el contexto temporal, toda producción implica costos en los cuales se incurre para obtener un valor considerado de mayor jerarquía. La obtención de ese valor tiene un destinatario que, a su vez, lo puede utilizar directamente, lo puede vender, lo puede regalar o puede verse obligado a entregarlo a otro si se trata de trabajo forzado. Si se trata del uso de recursos que pertenecen a otro, la producción (y, consiguientemente, la distribución) pertenecerá a ese otro, la cual se realizará en las condiciones pactadas (a menos que se trate de trabajo esclavo).

En otros términos, el proceso productivo no se realiza por ósmosis ni en abstracto, tiene destinatarios concretos los cuales reciben la distribución *en el momento mismo en que se realiza la producción*, es por esto que es más preciso aludir a la expresión "redistribución" cuando se recurre a la fuerza para apropiarse de recursos que pertenecen a otros. Redistribución significa volver a distribuir por métodos coactivos lo que ya se distribuyó por métodos pacíficos a través de arreglos contractuales libres y voluntarios.

Este equívoco producción-distribución es muy frecuente. Así se sostiene que lo importante es buscar métodos eficientes para "crear la torta" y luego habrá tiempo para decidir cómo habrá de manejarse "la distribución". Este error conceptual pasa por alto no sólo el hecho de la indivisibilidad de producción-distribución sino que, en la medida en que se suceda la redistribución, en esa misma medida, dejará de existir la torta. Pongamos por caso que el lector está trabajando en una empresa que lo remunera con diez mil dólares mensuales. Supongamos que le decimos al lector que a fin del próximo mes el autor de este ensayo se apoderará del mencionado ingreso para canalizarlo hacia otros lares. Frente a esta amenaza ¿qué pasará con la producción del lector durante ese próximo mes? La respuesta parece obvia: el lector sencillamente no producirá nada el mes que viene, desde el momento que tiene la seguridad de que no recibirá la contrapartida, es decir, la distribución (léase los diez mil dólares aludidos).

SOCIALISMO DE MERCADO

Sin llegar a este ejemplo extremo, en la medida en que los gobiernos sustraen recursos de los contribuyentes, en esa medida, se produce un doble efecto. En primer lugar, el cambio coactivo desde las áreas preferidas por la gente a través del mercado hacia las que los funcionarios establecen, conduce a malinversión de los escasos factores productivos, consumo de capital y consiguiente disminución de ingresos y salarios en términos reales. En segundo lugar, tienden a diluirse los incentivos para producir.

En todo caso, lo que aquí queremos dejar consignado es que producción y distribución son dos formas de ver el mismo fenómeno. Del enfoque de John Stuart Mill y toda la literatura económica que siguió por ese mismo sendero es que parte la noción del socialismo de mercado.

Algunos autores están directamente involucrados con esta terminología como, por ejemplo, son los casos de tres libros que contienen ensayos sobre esta materia compilados respectivamente por Frank Roosevelt y David Belkin, Julian Le Grand y Saul Estrin y por Pranab K. Bardhan y John E. Roemer[18]. Otros autores no recurren a la expresión "socialismo de mercado" pero aluden al as-

---

[18] *Why Market Socialism?: Voices from Dissent* (New York: M.E. Sharpe, 1994), *Market Socialism* (Oxford: The Clarendon Press, 1989) y *Market Socialism: A Critical Study* (New York: Oxford University Press, 1994) respectivamente.

pecto medular de dicha postura, la cual genéricamente consiste en sostener que es conveniente utilizar los mecanismos de mercado para la producción para luego redistribuir o compensar a través del gobierno. En algunos casos estos otros autores incluso ponen de manifiesto con mayor claridad y contundencia lo que podemos denominar el "síndrome Mill" respecto de aquellos que explícitamente aluden al socialismo de mercado. Los ejemplos de esto son muchos y muy variados tanto por el enfoque como por el grado de sofisticación en el análisis. Abarcan un arco bastante amplio. Para evitar reiteraciones y superposiciones, hemos tomado argumentos distintos de los diferentes trabajos. Pensamos que nuestra selección de diez autores, muy diversos entre sí, representa relativamente bien este espectro que ha sido últimamente tan prolífico. Además del caso ya mencionado de Mill, los primeros cuatro autores que seleccionamos son Ronald Dworkin[19], John Rawls[20], Jorge Castañeda[21] y Lester C. Thurow[22]: un jurista, un filósofo, un historiador y un economista. De más está decir que los breves comentarios que siguen no pretenden (ni mucho menos) un análisis

---

[19] *A Matter of Principle* (Harvard University Press, 1985).
[20] *Teoría de la justicia* (México: Fondo de Cultura Económica, 1978) [1971].
[21] *La utopía desarmada* (Buenos Aires: Ariel, 1993).
[22] *El futuro del capitalismo* (Buenos Aires: Javier Vergara Editor, 1996).

exhaustivo de las respectivas obras, sino que se circunscriben estrictamente a ciertos pasajes que tienen conexión directa con el tema que estamos tratando. Los otros cinco autores surgen de seleccionarlos de las compilaciones mencionadas más arriba, autores que adhieren de una u otra manera al "socialismo de mercado". Estos son Roosevelt y Tobin, Winter y Miller y, por último, Roemer. En todo caso es de interés señalar que, contemporáneamente, C. A. R. Crosland[23] es quien inicia una revisión del socialismo tradicional en dirección a lo que finalmente se llamó "socialismo de mercado", al trazar el primer tramo de un largo puente que luego abarcaría enfoques diversos aunque coincidentes de lo que podríamos llamar la versión moderna del "síndrome Mill", aunque, como queda dicho, aparentemente los conceptos incluidos en el párrafo citado de este autor más bien parecen el fruto de un descuido que de un tratamiento sistemático ya que, en el contexto, en buena medida se contradicen con el resto de su hilo argumental.

Como decimos, se recurra o no a la expresión "socialismo de mercado", con enfoques variados, esta concepción general está presente en los trabajos de quienes reconocen la eficiencia del mercado libre para producir pero no le asignan valor a su capacidad para distribuir.

---

[23] *The Future of Socialism* (Londres: Jonathan Cape, 1964).

Ya hemos dicho que este criterio parte de la falsa dicotomía producción-distribución, aunque, en verdad, lo que se está diciendo es que los destinatarios de la distribución debieran ser otros y, por ende, a través del gobierno, se debiera proceder a la "redistribución".

Como ya apuntamos, en la medida en que se permita que los incentivos de mercado operen asignando (distribuyendo) recursos según sea el uso productivo de la propiedad de cada cual para atender las necesidades de los demás, en esa misma medida, se permitirá la mayor dosis de capitalización posible lo cual, a su turno, permitirá elevar ingresos y salarios en términos reales.

Por su parte, como también queda dicho, la aludida redistribución, al cambiar los destinos de los recursos de las áreas productivas a las no productivas, consume capital y, por tanto, disminuye ingresos y salarios en términos reales. En otras palabras, a través de la redistribución, entre otras cosas, se logran los objetivos opuestos a los deseados. Sostener que se debe permitir la producción a través del mercado pero que la contrapartida se redistribuirá según criterios políticos constituye un razonamiento que se autodestruye puesto que, precisamente, la eficiencia que se atribuye al mercado no tendrá lugar en la medida en que tenga peso la redistribución.

SOCIALISMO DE MERCADO

Un argumento que parece ser central en quienes explícita o implícitamente adhieren al socialismo de mercado es el de la igualdad de oportunidades. Nos parece de gran importancia subrayar que en una sociedad abierta la única igualdad compatible con la libertad es la igualdad de derechos (habitualmente conocida como "igualdad ante la ley"). Dado que todas las personas somos distintas, si se otorgara la igualdad de oportunidades debería establecerse un sistema en el que no se reconocen iguales derechos a todos. Si se permite que se pongan de manifiesto las desigualdades entre las personas, lógicamente no tendrá la misma oportunidad de ganar un partido de *tennis* el atleta que el lisiado, ni tendrá la misma oportunidad de adquirir bienes el pobre respecto del rico y así sucesivamente. Entonces, como queda consignado, para efectivamente poder otorgar igualdad de oportunidades debe debilitarse o eliminarse la justicia, ya que la clásica definición de Ulpiano ("dar a cada uno lo suyo") está consubstanciada con igual respeto por los derechos de todos y, reiteramos, para otorgar iguales oportunidades no pueden respetarse los derechos de todas las personas. En resumen, como hemos indicado en otra ocasión, igualdad *ante* la ley se opone a igualdad *mediante* la ley. Lo importante en una sociedad abierta es que todas las personas tengan *mayores* oportunidades pero, por los motivos apuntados, nunca *iguales*.

3. Ronald Dworkin

Consideremos entonces brevemente algunas de las reflexiones de estos cuatro autores. En la parte pertinente de su trabajo, Dworkin[24] sostiene que el tratar a las personas como iguales está muy lejos de implicar que el gobierno deba abstenerse de proceder a la implementación de políticas redistributivas de muy diversa naturaleza. Dice que por ejemplo

> "En una guerra defensiva, esperamos que aquellos que son capaces de servicio militar asuman un riesgo mayor que otros [...] Podemos considerar adecuado, por ejemplo, que el gobierno dedique recursos especiales al entrenamiento de personas excepcionalmente talentosas como artistas o músicos, más allá de lo que el mercado hubiera pagado por sus servicios [...] Aceptamos esto, no porque pensemos que la vida de un artista es de más valor que otras, sino porque una comunidad con una vigorosa

---

[24] *Op. cit.* p. 207-213.

tradición cultural proveerá un mejor medio para los ciudadanos."

Conviene dividir en dos secciones estas consideraciones. En primer término, no resulta claro a qué se refiere Dworkin cuando alude al tratamiento igual de las personas puesto que, por una parte, sostiene que "la gente debe ser tratada con igual preocupación" y, en la misma página (210), se refiere al "principio de la igual preocupación y respeto". Si a lo que este autor se refiere es a la clásica igualdad de derechos no caben los dos ejemplos que propone por más que el autor considere que esto no es incompatible con su propuesta de la redistribución de ingresos. La preocupación no traduce la misma idea que el respeto. Esta última expresión implica necesariamente la vigencia del derecho. Por más extremos que parezcan los ejemplos a que recurre el autor, no resultan pertinentes al efecto de lo que aquí discutimos debido a que, en el primer caso, si se trata de un ejército voluntario compatible con una sociedad abierta, los esfuerzos dispares se basan en actos voluntarios (del mismo modo que hay esfuerzos dispares para producir pan o leche). Resulta pertinente en cambio el ejemplo si se tratara del servicio militar obligatorio. Pero como ha señalado Milton

Friedman[25] este sistema es uno de servidumbre y, por ende, incompatible con los fundamentos de una sociedad abierta y la consiguiente igualdad de derechos y el respeto recíproco.

Respecto del segundo ejemplo de las externalidades positivas que produce la música, debemos señalar que no deberían adoptarse políticas que operen en detrimento del destino que otras personas prefieren asignarle al fruto de su propio trabajo (por ejemplo, pongamos por caso, el tratamiento quirúrgico que requiera una persona). Este fenómeno podríamos denominarlo "el síndrome Versalles", puesto que muchas veces resulta atractivo observar enormes palacios de gustos refinados y gran valor estético, sin considerar los enormes sacrificios no-voluntarios realizados por inmensas masas de personas que han debido sacrificar bienes y servicios prioritarios, y a veces han debido dejar sus vidas en el camino. Por otra parte, reducir coactivamente la desigualdad económica a través de la redistribución perjudica la economía general puesto que la administración de los recursos se detrae de las manos de los más eficientes para servir al prójimo y, por tanto, se obstaculiza la capitalización y la consecuente elevación de ingresos y salarios en términos reales. Por ello es que

---

[25] *An Economist's Protest* (New York: Thomas Horton & Co., 1972) p. 120 [1966]; véase también Alberto Benegas Lynch (h), *Liberalismo para liberales* (Buenos Aires: Emecé Editores, 1986) p. 241 y ss.

esta política es en definitiva auto-destructiva. Sin embargo, dice Dworkin:

"Pero este daño será sólo temporario puesto que una economía más dinámica producirá mayor prosperidad [dado que...] los chicos que se les niega nutrición o una posibilidad efectiva de acceder a la educación sufrirán pérdidas irreparables aunque la economía se recupere del modo más optimista. Algunos de los que no pueden trabajar hoy y se les niega *welfare*, especialmente los de mayor edad, no vivirán para compartir aquella recuperación."

Y en las últimas líneas del capítulo noveno el autor concluye que

"Aunque las predicciones sombrías fueran correctas [en cuanto a que el intervencionismo a la postre produce resultados negativos], simplemente debemos ajustar las ambiciones para el futuro puesto que la obligación de la sociedad es en primer término hacia los ciudadanos que hoy viven en ella."

En este razonamiento hay, a nuestro juicio, dos problemas fundamentales. El primero es de carácter deontológico o ético, mientras que el segundo se refiere al consecuencialismo o, si se quiere, al utilitarismo. Si deseamos cumplir con el "dar a cada uno lo suyo" de la justicia, resulta una injusticia el sacar a unos lo que les pertenece para dar a otros lo que no les pertenece. Como hemos dicho al comienzo, todos descendemos de la pobreza más extrema puesto que esa es la condición natural del hombre. Para pasar de una mayor pobreza relativa a una menor pobreza o mayor riqueza, como condición *sine qua non*, debe respetarse la justicia.

Por otra parte, la injusticia no sólo implica lesión de derechos sino que conduce a una mayor pobreza o menor riqueza relativa. No se trata simplemente de sacrificar el presente al futuro. Esto ya es bastante grave de por si, puesto que quiere decir que habrá más gente que sufrirá en el futuro, lo cual, en la medida en que se adopten políticas erradas en el presente, podrá significar cosas tales como mayor mortandad infantil, etc. Pero decimos que no es sólo eso sino que, además, si no se mira al presente como un instante (se entiende por presente, en este contexto, una duración de tiempo referida a una vida) las políticas que conducen a malinversión, consumo de capital y reducción de salarios e ingresos en términos reales *afectan también el presente*. En resumen, precisamente porque "la obligación de la sociedad es en primer término hacia los ciudadanos que hoy viven en ella" es que se debe impartir justicia a *estos* ciudadanos y no afectar *su* bienestar (ni el de las próximas generaciones). Dworkin reconoce que

> "Desde luego que ningún programa posible puede proveer a cada ciudadano de una vida con todos los valores que desea desde su propia perspectiva [...] La gente no debe ser condenada, *a menos que sea inevitable*, a vivir de modo que se le niega toda participación activa en los procesos políticos, económicos y culturales de la comunidad."

Y especifica más adelante los inconvenientes de permitir

> "[...] salarios más bajos que cualquier 'línea de pobreza' realista o los que tienen desventajas diversas o estén sobrecargados de necesidades especiales [...] Las personas no deben tener diferentes cantidades de riqueza simplemente porque tienen diferentes capacidades innatas para producir aquello que otros reclaman o aquellos cuyas diferencias aparecen como consecuencia de la suerte. Esto quiere decir que *la asignación del mercado debe ser corre-*

gida para acercar a algunas personas en dirección a que compartan una porción de los recursos que hubieran tenido si no hubiera sido por aquellas diferencias de ventaja iniciales, de suerte y de capacidad innata."

La letra en cursiva de estas dos últimas citas la hemos introducido para destacar dos aspectos medulares del análisis de Dworkin. Aunque el autor reconoce las dificultades para implantar los programas redistributivos e insiste en la necesidad de irlos ajustando a través del tiempo, el señalar que la gente debe tener lo que necesita "a menos que sea inevitable" suena a una imputación gratuita. Es como si los economistas nos encapricháramos en obstaculizar el logro de aquel objetivo. Si los recursos no fueran escasos respecto de las necesidades, esto es, si los recursos fueran sobreabundantes no habría obstáculo alguno en lograr aquella meta, pero como los recursos son escasos y las necesidades son ilimitadas resulta efectivamente imposible (inevitable) el abstenerse de asignar derechos de propiedad para que, a través del mecanismo de precios, se muestre quienes deben administrar los recursos según sea su eficiencia para atender las demandas de los demás y, simultáneamente, cuál deberá ser el destino de los bienes que por su naturaleza son de uso alternativo.

La segunda cursiva pone de relieve una contradicción que ya hemos señalado: no se trata de "corregir el mercado" sino que en verdad se lo destruye exactamente en la medida de esas así mal llamadas "correcciones". La columna vertebral del proceso de mercado consiste en asignar recursos según los criterios de eficiencia de la gente a los efectos de producir lo que se reclama y de trasmitir a otros mayores ingresos a través de la consiguiente capitalización. La así llamada "corrección" obstaculiza los referidos mayores ingresos y demora el progreso de los más necesitados. Lamentablemente, muchas veces se critica la sociedad abierta por consecuencias que no derivan de ella sino de privilegios e intromisiones gubernamentales y en lugar de eliminarlas, en la práctica, se las intensifica con lo cual se intensifican también las consecuencias negativas al tiempo que se desdibuja el significado de la sociedad abierta.

4. John Rawls

El libro de filosofía política que más difusión ha tenido en nuestra época es, sin duda, el de John Rawls[26]. Como ya hemos apuntado, en esta oportunidad circunscribiremos nuestra atención a un aspecto de la obra que tiene

---

[26]*Op. cit.*

estrecha conexión con la materia de este ensayo. En este sentido, en lo que concierne a las desigualdades y a la distribución de ingresos, Rawls parte de la "posición original" que corresponde al estado de naturaleza como instrumento analítico en la teoría del contrato social: "Por supuesto que la posición original no está pensada como un estado de cosas históricamente real, y mucho menos como una situación primitiva de la cultura. Se considera como una situación puramente hipotética..." (p. 29).

Asimismo, el autor propone la muy fértil figura del "velo de ignorancia" como un instrumento conceptual para estudiar distintas propuestas en las que los participantes no saben en qué posición quedarán colocados al aplicar ciertos principios generales, lo cual, hace que toda la concentración se focalice en el análisis de aquellos principios generales, eliminando la posibilidad de introducir intereses creados. Así dice Rawls

> "Ahora bien, para lograr esto supongo que las partes están situadas bajo un velo de ignorancia. No saben cómo las diversas alternativas afectarán sus propios casos particulares, viéndose así obligadas a evaluar los principios únicamente sobre la base de consideraciones generales." (p. 163).

SOCIALISMO DE MERCADO

En este contexto, el aspecto medular del análisis rawlsiano se basa en dos principios que él bautiza como el "principio de diferencia" y el "principio de compensación". Sostiene que el primer principio mencionado está íntimamente vinculado a la igualdad de oportunidades, idea a la que ya hemos hecho referencia. Este primer principio Rawls lo describe a través de las siguientes consideraciones:

"Las expectativas más elevadas de quienes están mejor situados son justas si y sólo si funcionan como parte de un esquema que mejora las expectativas de los miembros menos favorecidos de la sociedad. La idea intuitiva es que el orden social no ha de establecer y asegurar las perspectivas más atractivas de los mejor situados a menos que el hacerlo sea en beneficio de aquellos menos afortunados." (p. 97-8).

Y más adelante subraya que

"El principio de la diferencia representa, en efecto, un acuerdo en el sentido de considerar la distribución de talentos naturales, en ciertos aspectos, como un acervo común, y de participar en los mayores beneficios económicos y sociales que hacen posibles los beneficios de esa distribución. Aquellos que han sido favorecidos por la naturaleza, quienes quiera que fuesen, pueden obtener provecho de su buena suerte sólo en la medida en que mejoren la situación de los no favorecidos. [...] Nadie merece una mayor capacidad natural ni tampoco un lugar inicial más favorable en la sociedad." (p. 124)

Como vemos, de hecho, el autor supone la posibilidad de que en una sociedad abierta no existe conexión entre las situaciones más favorecidas y las situaciones menos favorecidas. Otra vez aquí nos vemos obligados a un análisis consecuencialista, en el sentido de reiterar que como una consecuencia no querida (y muchas veces no buscada) las altas tasas de capitalización se traducen en ingresos y salarios en términos reales mayores para los no-propietarios de aquel mayor capital (como una inexorable externalidad positiva). Desde otro costado, si introducimos aspectos deontológicos, aparecerá subrayada la necesidad de *respetar* derechos como fundamento de la justicia lo cual, entre otras cosas, como queda dicho, da por resultado mejores condiciones para todos. De todos modos, hasta aquí las cosas aparentemente no habría conflicto con Rawls puesto que aceptaría la distribución natural y la adquirida en el mercado si se comprueba la externalidad correspondiente. Pero, de hecho, Rawls no acepta la transmisión que se produce en los procesos de mercado entre los más y los menos exitosos, de allí es que concibe su segundo principio: el principio compensación.

"Este principio afirma que las desigualdades inmerecidas requieren una compensación; y dado que las desigualdades de nacimiento y de dotes naturales son inmerecidas, habrán de ser compensadas de algún modo [...] La idea es compensar las desventajas contingentes en dirección hacia la igualdad [...] si es que queremos diseñar al sistema social de manera que nadie obtenga beneficios o pérdidas debidos a su lugar arbitrario en la distribución de dones naturales o a su posición inicial en la sociedad, sin haber dado o recibido a cambio las ventajas compensatorias." (p. 123-4)

De este modo el autor de *Teoría de la justicia* precisa que

"La distribución natural no es ni justa ni injusta, como tampoco es injusto que las personas nazcan en una determinada posición social. Estos son hechos meramente naturales. Lo que puede ser justo o injusto es el modo en que las instituciones actúan respecto a esos hechos [...] La estructura básica de estas sociedades incorpora la arbitrariedad de la naturaleza. Sin embargo, no es necesario que los hombres se sometan a estas contingencias. El sistema social no es un orden inmodificable colocado más allá del control de los hombres, sino un patrón de la acción humana." (p. 124-5)

Obsérvese el estrecho correlato entre la cita que más arriba hemos consignado de John Stuart Mill y estas consideraciones de Rawls cuando alude a la necesidad de "diseñar al sistema social", el cual, si se nos permite una repetición, dice que "no es un orden inmodificable colocado más allá del control de los hombres, sino un patrón de la acción humana". Este espíritu constructivista constituye la manifestación más clara de un pensamiento que opera a contramano de la tradición liberal clásica, iniciada, en esta materia, por Adam Ferguson en 1767, quien expresamente señala que

"Cuando la humanidad actúa en el presente siguiendo sus inclinaciones, cuando apunta a eliminar inconvenientes o a obtener ventajas aparentes y contingentes, conduce a metas que no hubiera podido anticipar incluso en su imaginación [...] Cada paso y cada movimiento de la gente, incluso lo que se considera las épocas de mayor esplendor, se llevan a cabo, en este sentido, ciegamente hacia el futuro y las naciones se encuentran con instituciones que en realidad son el resultado de la acción humana pero no corresponden al designio humano" [27].

Como hemos hecho notar antes, las conclusiones rawlsianas derivan de una manifiesta incomprensión del proceso de mercado. Parten de la premisa que producción y distribución son fenómenos independientes (de ahí la compensación) y dejan de lado el hecho de que el sistema de información dispersa que provee el sistema de precios permite asignar del mejor modo los factores de producción, precisamente para ofrecer el mejor nivel de vida posible a todos, dadas las circunstancias imperantes. En el caso que nos ocupa es importante hacer un *close up* sobre los sectores marginales, los cuales resultan especialmente favorecidos en la medida en que las tasas de capitalización resulten más altas.

---

[27]*An Essay on the History of Civil Society* (Edinburgh University Press, 1966) p. 122-3 [1767].

Sin duda que no "merecemos" nuestros talentos naturales ni nuestra "posición inicial en la sociedad". Tampoco merecemos nuestra vida, de lo cual no se desprende que pueda ser apropiada por otros, ni desconocidos nuestros derechos. En verdad llama la atención el título de la obra de Rawls, puesto que dentro de la idea de justicia de dar a cada uno lo suyo, nada más *suyo* que los talentos que, según esta óptica, para nada constituyen "un acervo común". Es la desigual distribución de talentos lo que, a su vez, permite la división del trabajo que es lo que posibilita la cooperación social, de lo contrario, si todos tuviéramos iguales habilidades e inclinaciones el intercambio y la cooperación social resultarían imposibles.

Este análisis también debe extenderse a los acontecimientos y a los hechos que proceden de lo que habitualmente se denomina "suerte". Estrictamente hablando la suerte o la casualidad no son tales. Todos los fenómenos resultan de la causalidad. En última instancia, las teorías del caos se refieren a causalidades no detectadas o imposibles de detectar por el ser humano[28]. Se alude a la suerte cuando nos referimos a acontecimientos no previstos (incluso en los llamados "juegos de azar", por ejemplo, cuando tiramos los dados, el resultado depende de

---

[28] *Vid.* George Santayana *Dominaciones y Potestades* (Buenos Aires: Ed. Sudamericana, 1954) primera parte, cap. I.

causas concretas como el peso de los mismos, la velocidad de la tirada, el roce del paño, etc.). En este sentido, sin duda que el nacimiento y las circunstancias en que nace cada uno no son acontecimientos previstos ni "merecidos" por quien nace. Pero la suerte a que se refiere Rawls en el contexto de lo patrimonial (nacer en una familia pudiente, ganarse la lotería, lanzar un producto en un momento oportuno no calculado con antelación, etc.) a la postre, está guiada por el plebiscito[29] diario del mercado que asigna y reasigna recursos de acuerdo a la buena o la mala administración de sus titulares, siempre a criterio de los consumidores. En ausencia de privilegios, los cuadros de resultados castigan a los malos administradores y premian a los buenos.

En otros términos, en la medida en que se aplique el principio de compensación se anula el proceso de asignación de recursos que venía votando el mercado con las consecuencias antes mencionadas (muy especialmente para los más necesitados quienes hubieran sido los más beneficiados por la capitalización que no se produjo debido, precisamente, a la compensación). No hay posibilidad de compensar *paralelamente* al mercado, necesaria-

---

[29] A diferencia de su acepción política específica que proviene de la antigua Roma, cuando en economía recurrimos a la ilustración del *plebiscito* nos referimos a un proceso en el que el consumidor elige una amplia gama de bienes y servicios que no se excluyen entre sí.

mente el fenómeno ocurre *en vez* del mercado puesto que el destino de los siempre escasos recursos no puede operar simultáneamente en dos direcciones distintas. El mercado es un proceso impersonal, no resultan relevantes los nombres y apellidos de los herederos de tal o cual situación, sólo importa su aptitud para servir a los demás: en la medida de esa habilidad se incrementará o se consumirá lo recibido.

La peculiar noción de justicia rawlsiana comprende una lista de libertades básicas pero, "Por supuesto que las libertades que no estuviesen en la lista, por ejemplo, el derecho a poseer ciertos tipos de propiedad (por ejemplo, los medios de producción) y la libertad contractual, tal como es entendida por la doctrina del *laissez-faire*, no son básicas, y por tanto no están protegidas por la prioridad del primer principio" (p. 83). En este caso, Rawls llama el "primer principio" de la justicia a que las libertades de unos sean iguales a las libertades de otros (p. 82). Este razonamiento naturalmente da por tierra con el eje central del mercado y, por ende, elimina la posibilidad del cálculo económico, la evaluación de proyectos y la contabilidad.

En 1920, Ludwig von Mises[30] explicó que, sin la propiedad privada de los medios de producción no hay precios sin los cuales resulta imposible el cálculo económico. Debido a la trascendencia de este tema conviene detenernos en él un instante. En un lugar imaginario en el que se hubiera decidido abolir la propiedad y, por tanto, los precios (puesto que, como queda dicho, estos últimos son la expresión del uso y la disposición de lo propio), no resultaría posible saber si, por ejemplo, conviene construir los caminos con cemento o con oro. Si alguien en ese lugar considerara que construirlos con oro sería un derroche es porque recordó los precios relativos antes abolir la propiedad.

Los números que aparecen en los estados contables son precios, si estos se sustituyeran por simples números dictados por la autoridad, se estaría consumiendo tinta, tiempo y papel pero, en rigor, así la teneduría de libros no reflejaría resultados ni movimientos patrimoniales. Por su parte, la evaluación de proyectos (y los conceptos que le son inherentes como la tasa interna de retorno y el valor actual neto) implica la existencia de precios y la misma tasa de interés es un precio. En este contexto es impor-

---

[30] En su ensayo "Die Wirtschaftsrechlung im Sozialistischen Gemeinwesen", en *Archiv für Soziaedwissenschaften*, vol. 47, reproducido en inglés en *Colectivist Economic Planning* (New York: Kelley, 1961) p. 87 y ss., F. A. Hayek, comp.

tante subrayar que, sin necesidad de abolir la propiedad, en la medida en que se debilite esa institución y, por ende, se afecte el contrato, en esa medida, se distorsionarán los indicadores básicos del mercado (y, consecuentemente, se induce a la malinversión, lo cual, como hemos apuntado, afecta ingresos y salarios en términos reales).

Se han propuesto diversos caminos con la intención de poder calcular económicamente sin precios[31]. En primer lugar, Lenin y Marx han propuesto el trabajo como patrón de medida, lo cual se traduce en que, eventualmente, un kilo de plata pueda tener el mismo valor que un kilo de zanahorias si consumieran la misma cantidad de trabajo para producirse. En segundo término, Otto Neurath propuso la sorprendente y curiosa teoría de efectuar el cálculo económico sobre la base del seguimiento de los mismos bienes objeto de cálculo, teoría que no resiste mayor análisis puesto que no resulta posible efectuar cálculo alguno basado en bienes heterogéneos.

Oskar Lange desarrolló la teoría del cuasi-mercado. Este autor sostuvo que al igual que operan las grandes empresas en el mercado libre, la abolición de la propiedad sustituirá los directores de la empresa por los miembros del gobierno y los accionistas estarían constituidos por

---

[31] Véase Alberto Benegas Lynch (h) *Fundamentos de análisis económico* (Buenos Aires: Abeledo-Perrot, undécima edición, 1994) p. 183 y ss [1972].

toda la comunidad. Sin embargo, debe subrayarse que no resulta relevante quiénes dirigen una empresa, ni cuántas empresas son, ni de qué accionistas se trata. Sólo importa si hay propiedad privada puesto que solamente en este caso aparecerán precios que, a su vez, hacen posible el cálculo económico.

También hubo quienes propusieron recurrir a la unidad "útil" para calcular económicamente, lo cual no resulta posible puesto que la utilidad sólo es susceptible de referirse con números ordinales y no cardinales. También en otras oportunidades se ha argumentado que el cálculo económico debería basarse "simplemente en las mejores condiciones técnicas". Pero es que para evaluar económicamente los diversos procedimientos técnicos resulta indispensable contar con precios. Técnicamente es posible hacer agua sintética con dos moléculas de hidrógeno y una de oxígeno pero, por el momento, no resulta viable tal procedimiento, precisamente por ser antieconómico y sabemos que es antieconómico debido a la existencia de precios.

También se ha sugerido el método de extrapolación de precios en el sentido de tomar precios de mercado antes de abolir la propiedad y proyectarlos al futuro. Esta teoría -conocida como la de las ecuaciones diferenciales debido a la metodología empleada- pasa por alto el hecho de que la estructura valorativa del presente nada tiene que ver con la estructura que prevalecerá en el futuro. Por otra parte, hubo quienes sugirieron el "método de prueba y error" asimilándolo a los procedimientos de testeo a que recurren empresarios con la intención de verificar el acierto o el desacierto de sus operaciones. Esta asimilación tampoco es pertinente puesto que la prueba y error en el contexto del mundo empresario puede llevarse a cabo debido a que, precisamente, el punto de referencia estriba en la existencia de señales (precios) que muestran el acierto o el desacierto correspondiente.

Por último, se recurrió al método de inventarios como base de cálculo. Se sostuvo que efectuando un inventario completo de bienes físicos al principio y al final de cada período no resultaría necesario depender de precios, el problema del cálculo se habría resuelto en ausencia de la propiedad. Pero a los efectos del cálculo económico, para nada sirven los recuentos físicos y la confección de listas de existencias. Puede haber mayor cantidad de bienes en un período con respecto a otro y sin embargo éstos pueden tener menor valor o viceversa. Si los bienes no se ponderan y no puede seguirse un método adecuado para amortizarlos, no es posible conocer los significados mercantiles de tal proceder. Pero Rawls vuelve a repetir

"¿Qué es entonces lo que puede justificar este tipo de desigualdad inicial en las perspectivas de vida? Según el principio de las diferencias sólo es justificable si la diferencia de expectativas opera en beneficio del hombre representativo peor colocado, en este caso el representante de los obreros no cualificados. La desigualdad en las expectativas es permisible sólo si al reducirlas empeora aún más a la clase trabajadora." (p. 100)

Y concluye que

"La justicia tiene primacía frente a la eficacia y exige algunos cambios que en este sentido no son eficaces. La consistencia se da sólo en el sentido de que un esquema perfectamente justo sea también eficaz." (p. 101-2)

Y es precisamente a esto último a lo que apunta la sociedad abierta y el mercado libre: en este sentido hay un correlato entre el respeto a las libertades individuales y la mejoría social. Al asimilar un aspecto de la ética (el que es relevante en el contexto de las relaciones sociales) al respeto por los derechos de otros con la mayor eficiencia, James M. Buchanan ha escrito que "Si no hay criterio objetivo para el uso de recursos que pueda aplicarse a la obtención de resultados como medida indirecta de comprobar la eficacia del proceso de intercambio, entonces, mientras el intercambio se mantenga abierto y se excluya el fraude y la violencia, el acuerdo a que se llega es, por definición, eficiente"[32]. Si Rawls considerara que el proceso de mercado compatibiliza la justicia y la eficacia no habría desarrollado las elaboraciones que presenta en su libro. Expone su tesis central debido a que no considera aquello posible; de ahí el principio de compensación y, consecuentemente, Rawls excluye de su lista de libertades la propiedad privada de los medios de producción y la libertad contractual irrestricta.[33]

5. Jorge Castañeda

El tercer trabajo que comentaremos es el ya citado de Jorge Castañeda (doctor en Historia Económica por la Universidad de París - 1), el cual dividiremos en cinco puntos. El primero alude a una concepción "realista" de la

---

[32] "Rights, Efficiency and Exchange: The Irrelevance of Transaction Costs", *Liberty, Markets and State* (New York: New York University Press, 1985) p. 95 [1983]. El análisis de Buchanan de la eficiencia "[...] se eleva o sube un escalón más y se ubica en el plano de las instituciones o las normas", *loc. cit.*

[33] Para otros argumentos contrarios a la posición de Rawls, véase Robert Nozick *Anarchy, State and Utopia* (New York: Basic Books, 1974).

política. En el segundo aludiremos a lo que el autor considera es el problema central de la sociedad contemporánea, en el tercero Castañeda describe lo que considera es el "modelo neoliberal" que, según él, se estaría aplicando actualmente en muchos países. En el cuarto punto sugiere soluciones y por último menciona al pasar lo que para él constituye uno de los paradigmas del momento.

Dice el autor que

> "A pesar de muchas limitaciones, en la política contemporánea y en la globalización económica actual, negarse a jugar en el mismo terreno, no importa cuan disputado esté, equivale a condenarse a la marginalidad. La izquierda necesita un programa; requiere de una alternativa, no tanto por ser ésta intrínsecamente deseable, sino porque sin ella no sabe a dónde se dirige." (p. 471)

Castañeda sostiene que las circunstancias actuales obligan a optar por una especie de "menú de un restaurante chino [...] y escoger aquellos aspectos que pueden rescatarse de los paradigmas existentes" (p. 472). Sostiene que las izquierdas de hoy deben contentarse con una mezcla entre socialismo y mercado y así "cambiar los efectos sin abarcar las causas. Pero su fuerza proviene de su viabilidad" (p. 471). Según él se trata de una reforma "realista" (p. 472). Nos dice que "Las páginas siguientes parten de la premisa de que debe producirse una transferencia fundamental de recursos y de poder político de los ricos a los pobres para resolver los problemas de la región" (se refiere a Latinoamérica) y concluye que "O a un tiempo crece y se reparte de otro modo, o todo permanece igual" (p. 473).

El autor suscribe las reflexiones de Francisco Weffort en el sentido de que el socialismo debe usar al mercado como a un "matrimonio por conveniencia" (p. 475) y adhiere a la configuración de un "Estado benefactor de la cuna al sepulcro que los europeos forjaron durante el último siglo -empezando con las primeras reformas sociales de Bismarck en los años 1880" (p. 477). En resumen, apunta a la necesidad de "gobernar el mercado" según citas que extrae de Robert Wade (p. 483).

Como dijimos, nuestra tercera sección se circunscribe a lo que Castañeda considera es el cuadro de situación en la actualidad que, si bien no considera que se trata de modelos homogéneos (puesto que también alude a ejemplos en los que el estado tiene activa participación en la economía) de todos modos, considera que el modelo "reaganiano y thacherista de radicalismo de libre mercado" (p. 474) y, asimismo, que las sociedades latinoamericanas han adoptado un "modelo neoliberal" (p. 489) y por tanto "la izquierda dispone de un amplio margen de deslinde frente al actual modelo neoliberal de libre mercado" (p. 505). De este supuesto "modelo neoliberal" Castañeda concluye que se produce "la nueva inmensa miseria urbana [...] los saqueos en Caracas, los disturbios en Río [...] y la violencia por todas partes" (p. 489-90) y respecto a Estados Unidos cita un trabajo de Robert Reich [*The Work of Nations*] quien sostiene que aquel modelo produjo "la población norteamericana, cada día más empobrecida" (p. 490). Y de este modo Castañeda concluye que "Por lo tanto, la transición no es del socialismo al mercado, sino de un tipo de economía de mercado a otro: de la economía de mercado individualista y anglosajona, a la economía social de mercado" (p. 476).

Antes de considerar las soluciones que se proponen en *La utopía desarmada* y mencionar el paradigma que el autor considera digno de imitación, consideramos de interés señalar algunos aspectos de las ideas hasta aquí transcriptas por Jorge Castañeda. En la obra que estamos comentando el autor aconseja dejar de lado, por lo menos por el momento, el modelo socialista tal como se lo concibió "durante más de un siglo" (p. 470) para adoptar "la dolorosa elección" de "moldear los modelos existentes, transformándolos en algo nuevo y que sin embargo no se oponga del todo al *statu quo*" (p. 471) todo ello en aras de la "practicidad" y el "realismo" "ahora que virtualmente ha desaparecido la abrumadora oposición entre socialismo y mercado" (p. 472).

Este "matrimonio de conveniencia" lo acepta Castañeda de mala gana pero admite que el mercado puede servir para producir siempre que se recurra al socialismo para repartir. Ya nos hemos referido a este tema en el sentido de que la distribución es otro modo de aludir al destino de la producción. No resulta posible afectar un lado del proceso productivo sin afectar al otro. No hay una cosa sin la otra, del mismo modo que no hay fuego sin calor, no hay lectura sin lector, no hay significante sin significado, no hay cabalgadura sin caballo, no hay enamoramiento sin sujeto amado. Veamos más de cerca este último ejemplo: si al enamorado se le cambiara coactivamente el sujeto amado por otro sujeto, no habrá enamoramiento. Del mismo modo, si se anuncia que se cambiará coactivamente el destino de la totalidad de la producción, ésta sencillamente no se llevará a cabo. Sin llegar a este extremo, en la medida en que se redistribuya se estará afectando la contracara, cual es la producción. Sin duda que si el cambio del destino no es total, los incentivos para producir no serán totalmente eliminados, sólo debilitados, pero, como hemos dicho, lo sustancial de estas políticas consiste en que el cambio en la asignación de recursos desde áreas más productivas hacia las menos productivas incide negativamente en las tasas de capitalización y, por ende, reducen ingresos y salarios en términos reales.

Pero lo que llama poderosamente la atención es el empecinamiento por atribuir la responsabilidad al liberalismo de lo que sucede en las regiones mencionadas. En primer lugar, la expresión "neoliberalismo" carece de significado. Contemporáneamente no hay ningún intelectual de relieve que se considere neoliberal. El liberalismo significa el respeto irrestricto por los proyectos de vida de otros, un "neorespeto" carece de sentido[34]. De todos modos es pertinente aclarar que en Latinoamérica y, en este caso, salvando las distancias, también los modelos thacheriano y reaganiano, no debieran considerarse liberales. Esto es así porque los rasgos sobresalientes de las políticas latinoamericanas han sido el establecimiento de

---

[34] Después de un seminario en el que participé en la Universidad de Boston -organizado por Peter L. Berger- se publicó un libro titulado *El desafío neoliberal* (Santa Fe de Bogotá: Grupo Editorial Norma, 1992) en el que aparecieron los trabajos de Eduardo Mayora, Octavio Paz, Arturo Fontaine Talavera, Barry Levine, Mario Vargas Llosa, Andrés Van Der Horst y otros (mi ensayo se tituló "La propuesta liberal: los intelectuales y la política", p. 455 y ss). El título del libro suscitó airadas protestas ante los editores debido a que se había recurrido a la expresión "neoliberal"; la explicación que se nos dio fue que la editorial consideró necesario independizar la obra respecto de la conducta del Partido Liberal de Colombia.

monopolios y oligopolios artificiales, transfiriendo los activos de las empresas estatales de un modo tal que la gente no pueda elegir el servicio de su agrado. El consiguiente otorgamiento de mercados cautivos ha fortalecido la aparición de pseudoempresarios, es decir, aquellos que no deben sus patrimonios por servir a sus semejantes sino que son consecuencia del otorgamiento de privilegios de diversa índole, tal cual lo señaló en su momento Adam Smith[35]. También es una característica de las políticas latinoamericanas (y en este caso también las de Reagan y Thatcher) el aumento del gasto público, deudas federales crecientes y el incremento de alícuotas impositivas. A todo esto, en América Latina, salvo el caso del Chile de hoy, se agrega el desconocimiento de la división horizontal de poderes, la independencia de la justicia y una corrupción y una impunidad crecientes que, junto con altos índices de desempleo debidos al peso de costos laborales, conducen a descontentos que se ponen de manifiesto por diversos carriles.

Esta confusión de "modelos" es hasta cierto punto comprensible debido a que muchos de los que se autotitulan liberales han adherido entusiastamente y sin reservas a políticas ejecutadas de un modo que distan mucho de

---

[35] *An Inquiry into the Nature and Causes of the Wealth of Nations* (Londres: Modern Library, 1937) [1776] cap. XI, libro primero.

ser liberales. El caso tal vez más claro de lo antedicho es México, donde reside Jorge Castañeda. Hasta el momento de la fuga del presidente, no eran pocos los entusiasmos "liberales" a su política. El volumen del gasto público es una de las pruebas claras para constatar si se vive o no en una sociedad abierta. Recordemos que antes de la primera guerra mundial la participación del estado en la renta nacional era en promedio el 4% en países civilizados mientras que hoy es del 30, 40 y hasta el 50 %.[36]

Tomando un poco de distancia de los acontecimientos actuales, es posible que en muchos casos los primeros pasos en los cambios de ideas y las modificaciones de las circunstancias prevalentes se traduzcan en hechos confusos, contradicciones y tendencias opuestas. Como es sabido, en los hechos, estos cambios no son lineales ni tampoco opera el resultado neto en la misma dirección. El zigzagueo puede convertirse en un retroceso neto si es que los fenómenos ocurridos están mal descriptos y, por ende, las etiquetas mal colocadas, lo cual puede fácilmente hacer que se modifiquen los objetivos.

La naciente influencia intelectual del liberalismo en los 80 ha sido más que compensada por el socialismo de mercado que ahora estamos analizando, los movimientos

---

[36]Véase Gordon Tullock "Government Growth", *Taiwan Journal of Political Economy*, vol. II, 1991.

ecologistas y el *political correctness*. Nos parece que el mayor peso de estas últimas tradiciones de pensamiento se debe, precisamente, a la errada identificación del liberalismo con políticas que tenían muy poco o nada de liberales. De más está decir que tampoco resulta pertinente el aludir a "modelos" para referirse a las ciencias sociales ya que esta expresión es estrictamente aplicable al campo de las ciencias físicas y naturales.

Sorpresivamente, las recetas que propone Castañeda para "revertir" la situación no hacen más que acentuar los problemas existentes. Clasificaremos en siete capítulos las soluciones que propone el autor, soluciones que en gran medida el autor las consigna bajo el subtítulo de "Construir y financiar el nuevo estado benefactor". En primer lugar adhiere a "una particular simbiosis entre el Estado y la comunidad empresarial para forjar una política industrial y planificar el futuro" (p. 480). Este es el tema que acabamos de abordar: el empresario es un benefactor de la humanidad si actúa con todos los rigores del mercado, pero se convierte en un explotador cuando opera en base a mercados cautivos y dádivas de diversa naturaleza. En realidad llama la atención que desde la izquierda se proponga la participación empresarial "para forjar una política industrial y planificar el futuro", ya que esto suena más a una política corporativa típica del fas-

SOCIALISMO DE MERCADO

cismo. El empresario como tal debe estar totalmente desvinculado del poder político. Sus éxitos o fracasos deben depender exclusivamente de la aprobación o la desaprobación de los consumidores. La suma cero a que nos referíamos al comienzo es la consecuencia inexorable de meter al empresario en los carriles políticos, al contrario de lo que ocurre cuando las transacciones surgen de procedimientos libres y voluntarios.

En segundo término, el autor recomienda el "crecimiento dirigido a las exportaciones. Su orientación no debe dejarse sólo al árbitro del mercado, sino adecuarse a una estrategia nacional" (p. 503). Se nos ha dicho durante mucho tiempo que constituye una política acertada el incrementar las exportaciones y, simultáneamente, limitar las importaciones, sin percibir que el objeto final del comercio exterior consiste en obtener bienes y servicios de la mayor calidad vendiendo lo menos posible. Del mismo modo que ocurre con nosotros individualmente, nuestro objetivo es adquirir los bienes y servicios que necesitamos para lo cual, *no tenemos más remedio* que vender. Lo mismo sucede con un grupo de personas en un país. Lo ideal no es sacar todos los bienes y servicios de un país y con cuyo producido importar un alfiler. Lo ideal es exportar un alfiler y con su producido poder comprar todos los bienes y servicios deseados. En este último caso tendrá lugar la máxima productividad del esfuerzo exportador. Sin embargo, el autor nos dice que la política que aconseja "También tiene por objeto proteger de la competencia externa a ciertos sectores de la economía" (p. 480) sin percibir que todo arancel implica mayor erogación por unidad de producto, es decir, menor productividad, lo cual, a su turno, significa menor actividad económica local y, debido a la malasignación implícita, menores ingresos y salarios en términos reales.

El autor reitera una terminología que pone al descubierto errores conceptuales en materia económica. Así se refiere a la necesidad de "conquistar mercados externos" (p. 516) y de diseñar "un plan para apoderarse de los mercados correspondientes" (p. 503). *Conquistar* y *apoderarse* son términos improcedentes, del mismo modo que cuando se recurre a la expresión *invasión* para aludir a la compra de bienes de mejor calidad y menor precio. Esta terminología militar oculta la naturaleza beneficiosa y pacífica de las transacciones libres y voluntarias en las que ambas obtienen ganancias (de lo contrario no se llevaría a cabo la transacción).

Castañeda retoma la antigua argumentación de F. List respecto de la industria incipiente cuando alude a "las etapas de 'infancia' de la industria" (p. 505). Bajo el manto de la industria incipiente se pretenden transferir los costos de empresarios ineficientes sobre las espaldas de los consumidores. Así se dice que mientras las empresas locales adquieren el suficiente *know-how* y las suficientes estructuras de capital, se hace necesario el aumento de las tarifas arancelarias. Este argumento se presenta como si en el resto de los países la tecnología se paralizará hasta tanto la industria incipiente se ponga a tono, sin comprender que, luego de ese período, las diferencias tecnológicas pueden aún ser mayores. No se aceptan argumentaciones similares dentro de una misma jurisdicción territorial: cuando en el contexto local aparece una industria más eficiente no se "protege" al resto, sino que se produce la reasignación de recursos hacia las áreas de mayor eficiencia. Pero lo más importante, es que si alguien tiene una idea respecto de la producción de determinado bien y, en la evaluación del respectivo proyecto, se exhiben quebrantos durante los primeros períodos que luego son más que compensados por ganancias en períodos subsiguientes, si esto es así, el proyecto en cuestión se venderá a la comunidad empresarial. Si nadie lo compra es, o porque el proyecto está mal evaluado, o aun estando bien evaluado, hay otros proyectos que muestran un retorno sobre la inversión más fértil. En ninguno de los dos casos se justifica que el consumidor absorba los mencionados quebrantos vía las tarifas aduaneras. Si por el contrario, el proyecto es adquirido por un empresario, será éste quien deba afrontar los costos correspondientes.

Esta segunda propuesta está íntimamente vinculada con la receta de "una política industrial a largo plazo [...] La izquierda siempre compartió la idea de que el Estado debe desempeñar un papel crucial en el impulso de industrialización" (p. 503). Estos procesos de industrialización artificial son los que precisamente han conducido a la quiebra a muchos de los países latinoamericanos, puesto que no resulta un buen negocio obligar al consumidor a que adquiera productos más caros y de peor calidad. Adquisiciones más baratas y de mejor calidad liberan recursos para poder atender otras necesidades con lo que la lista de bienes y servicios disponibles a la comunidad se hace más amplia.

En tercer término, Castañeda aconseja reincidir en "la reforma agraria en algunos países" (p. 499). La reforma agraria entendida como la utilización de mecanismos directos o indirectos para distribuir la tierra desde propietarios hacia no propietarios, implica cambios en la administración de recursos desde las áreas decididas en el mercado hacia las decididas políticamente. Si lo que en verdad se desea es que la propiedad no sea consecuencia de la dádiva o el privilegio, deberán necesariamente revisarse las recetas de Castañeda que, en última instancia,

SOCIALISMO DE MERCADO

entronizan capillas de poder y pseudoempresarios que obstaculizan en grado sumo la eficiente asignación de recursos según sean los mandatos del consumidor.

En cuarto lugar, el autor propone

"[...] una profunda reforma fiscal [...] los impuestos corporativos deben aumentarse considerablemente; tendrá que gravarse la riqueza; es preciso establecer impuestos a la plusvalía de los mercados financieros, lograr una enorme mejoría en la recaudación y aplicar impuestos al ingreso de los profesionales prósperos y de la clase media-alta, además de tasar los bienes corporativos y personales que se poseen en el extranjero [...] En una reforma fiscal seria, deben primar los impuestos directos sobre los indirectos; y entre los impuestos directos, los correspondientes a las corporaciones privadas o a los individuos ricos y de clase media-alta deben ser más elevados. En Latinoamérica, es indispensable un impuesto a las grandes fortunas, tanto en bienes raíces como en otros activos [...] Es necesario incorporar la economía informal a la base fiscal [...] y que las rentas fiscales retornen al país de residencia y origen del dueño de los activos [a través de...] acuerdos especiales que graven a los capitales fugados por cuenta del país de origen." (p. 493-4-5)

Resulta esencial comprender que, en última instancia, todos pagamos impuestos, aun los que nunca han visto una planilla fiscal. Estos últimos están pagando impuestos vía una reducción en sus salarios debida a la merma en la capitalización que ocurre en otros sectores como consecuencia de los pesados gravámenes que percuten sobre los contribuyentes *de jure*. Recurrir a la política fiscal con intenciones extra-fiscales, invariablemente conduce a la malasignación de factores productivos y, consecuentemente, a un mayor empobrecimiento.

En esta etapa del proceso de evolución cultural el impuesto resulta necesario para financiar las actividades específicas de seguridad y justicia por parte del monopolio de la fuerza. Estos impuestos deben ser de las menores alícuotas posibles y lo más neutral que resulte posible, precisamente, para afectar en la menor medida el proceso de mercado que, como queda dicho, beneficiará de modo muy especial a los más necesitados. Sin duda que es la política opuesta la que se ha llevado a cabo en general y muy especialmente en los países latinoamericanos, con las consecuencias por todos conocidas. El mercado queda anulado si se lograra "establecer impuestos a la plusvalía" puesto que este concepto político arbitrario pretende separar los procesos de producción y distribución con las consecuencias antes señaladas.

En quinto lugar, Castañeda señala que "las empresas de propiedad estatal han sido en lo general exitosas" (p. 506) y, por ello deberíamos "de hacer de ellas una vez más símbolos del orgullo nacional y escaparates de lo que América Latina puede construir" *sic.*, (p. 510). Su programa, emulando lo que ocurre en otros lares, debe incluir "un importante papel del Estado en la producción durante distintas etapas del desarrollo" (p. 480).

El problema medular de las empresas estatales aparece en el momento en que se constituyen, independientemente de lo que luego ocurra. El establecimiento de una empresa estatal implica que se han detraído recursos de las áreas preferidas por los consumidores para esterilizarse en las áreas preferidas por el aparato político. Este proceso implica que, inexorablemente, se han alterado las prioridades de la gente, lo cual significa que ha operado una disminución en el nivel de vida. Si además la empresa es monopólica, presta malos servicios y es deficitaria la situación será aún peor pero, como decimos, el problema básico de la empresa estatal consiste en la alteración de prioridades respecto de lo que estaba haciendo la gente con el fruto de su trabajo antes de la intromisión estatal.

No cabe aquí establecer un paralelo entre los procesos políticos de votación y los procesos de mercado puesto que estos últimos permiten una gran variedad en la oferta y demanda de bienes y servicios, mientras que en el primer caso se debe operar en bloque con lo que un grupo se ve beneficiado a expensas de otro que debe entregar involuntariamente recursos para proyectos en los cuales no está interesado.

El sexto capítulo se refiere al establecimiento "de un Estado benefactor auténtico que extienda la cobertura de la protección social a la mayoría de la población" (p. 493). La jubilación, obras sociales y demás delicias del mal llamado "estado benefactor" nos eximen de mayores comentarios: en todo el mundo han resultado un fiasco puesto que implican la sustracción coactiva de recursos de quienes no desean aportar a las arcas oficiales y, si se los dejara en libertad, darían un destino más provechoso al fruto de su trabajo como siempre ha ocurrido cuando se han permitido tales procedimientos. En algunas ocasiones se ha aludido a la "privatización de la seguridad social" que en realidad se tradujeron en la obligación de aportar a determinados grupos, los cuales, a su vez, se encuentran reglamentados por estructuras estatales en muchas de sus operaciones clave. Es interesante hacer notar que, por ejemplo, en la Argentina, antes de los aportes obligatorios, la gente preveía en general su futuro invirtiendo en propiedad inmobiliaria, lo cual fue luego aniquilado por esa nueva "conquista social" conocida como el congelamiento de alquileres y ley de desalojos.

Por último, Castañeda suscribe el sistema de cogestión y participación en las ganancias (p. 471 y 501). En toda empresa donde hay más de un director, *de facto* hay cogestión pero a lo que apunta esta expresión es a que la gestión empresaria no se realice de acuerdo a los cánones naturales del mercado sino a través de procesos legislativos. En este sentido, si la administración se realiza por personas distintas y, consecuentemente, con criterios distintos de los que libre y voluntariamente seleccionó el mercado a través de los ya referidos plebiscitos diarios en los que el consumidor compra o se abstiene de comprar, si esto es así, el procedimiento se traduce en un desaprovechamiento de los recursos disponibles lo cual, a su vez, incide negativamente en las condiciones generales de vida. El empresario puede decidirse por ascender al ineficiente y prescindir del eficiente, pero esto no resulta inocuo. El cuadro de resultados es implacable.

Un razonamiento similar se debe hacer en el caso de la participación en las ganancias. Siempre existe participación en las ganancias, la cuestión reside en saber si se realiza a través de arreglos contractuales o de imposiciones políticas. En este último caso, la reasignación coactiva, al operar en direcciones distintas de las preferidas por la gente, el resultado será necesariamente menor respecto de aquella situación en la que la participación en las ganancias hace de incentivo a los más productivos y coloca en sus manos los recursos necesarios para su debida administración.

Según Castañeda, la planificación gubernamental deberá estar atenta a correcciones permanentes ya que "Las rectificaciones impuestas al mercado [...] han paleado muchos de los defectos más lacerantes de las economías de mercado. Pero no han eliminado su carácter contradictorio ni su proclividad a generar nuevas injusticias y excesos" puesto que "la máxima contribución de Marx a la comprensión del capitalismo: el descubrimiento de su carácter intrínseca y permanentemente contradictorio, pues va creando nuevos problemas conforme resuelve los ya existentes" (p. 485).

El estudio de Castañeda desemboca en lo que a su juicio constituye uno de los ejemplos a imitar: "La posibilidad de avances prodigiosos se comprueba en el ejemplo cubano: con recursos, dedicación y voluntad política, se puede alcanzar el objetivo" por ejemplo, en el caso de la educación (p. 500). Resulta en verdad extraño que en un régimen dictatorial se pueda hablar de educación puesto que, por definición, se trata de *brainwashing*, a pesar de lo cual, no se logran tampoco aquí plenamente los objetivos puesto que deben masacrarse a los que intentan fugarse de la isla.

6. Lester C. Thurow

Por último, en lo que se refiere al tema de este ensayo, seleccionamos de la obra de Lester C. Thurow[37] ocho aspectos en lo que se refiere al "síndrome Mill" o "socialismo de mercado". Este economista, que tiene los grados académicos máximos en Oxford y Harvard y es profesor de Economía en MIT, tiene la siguiente idea de la competencia en el régimen capitalista:

> "[E]l capitalismo sostiene que es el derecho de los económicamente competentes expulsar a los incompetentes del ámbito comercial y dejarlos librados a la extinción económica. La eficiencia capitalista consiste en la 'supervivencia del más apto' y las desigualdades en el poder adquisitivo. Para de-

---

[37] *Vid. ut supra.*

cirlo de la forma más dura, el capitalismo es perfectamente compatible con la esclavitud." (p. 258)

Y más adelante dice que "Desplazar a otros del mercado para llevar sus ingresos a cero arrebatándoles sus oportunidades de ganancia es en lo que consiste la competencia" (p. 259). Este razonamiento deja de lado conceptos básicos de la economía. El proceso de la competencia consiste en el establecimiento de estímulos que apuntan a beneficiar de la mejor forma posible a los consumidores permitiéndoles que adquieran productos de la mejor calidad y al menor precio posible. Como se ha hecho notar cuando al pasar nos referimos al darwinismo social, los más exitosos en las operaciones mercantiles -siempre a criterio de los consumidores- no sólo reportan beneficios al vendedor y a quienes directamente adquieren los bienes y servicios ofrecidos, sino que también transmiten los resultados de sus operaciones exitosas a quienes no han participado en el proceso productivo y a los propios competidores. Esta transmisión se realiza a través de externalidades positivas. Como queda consignado, salvo el caso de la filantropía, no es intención del exitoso el transmitir los resultados de su éxito a personas ajenas a los negocios en los que está directamente involucrado, se trata de consecuencias no queridas, no diseñadas ni programadas. Por ejemplo, los ingresos que percibe el lector no son consecuencia exclusiva de lo que personalmente realiza sino también de la estructura de capital que tiene lugar en el medio en donde se desempeña. Los ingresos de todos nosotros dependen en gran medida de tasas de capitalización que no hemos generado. Es improcedente aplicar el darwinismo al contexto social puesto que aquel caso implica la selección de especies a través del desplazamiento del más débil por el más apto, mientras que en el proceso de mercado el más fuerte inexorablemente *trasmite su fortaleza al más débil* a través de las aludidas externalidades.

En no pocas oportunidades se recurre a expresiones metafóricas para aludir a la competencia utilizando términos propios de la contienda bélica. Este uso metafórico repetido y sin explicación, finalmente se toma como de uso literal, extrapolando directamente la guerra a la competencia. Este traslado impropio de términos resulta sumamente peligroso puesto que desdibuja la naturaleza del proceso competitivo en el que no hay lesiones de derechos y, donde, por definición, se excluye el fraude y la violencia. La competencia simplemente indica cuáles son las empresas mejores para prestar específico servicio o para producir determinado bien. Los recursos de las empresas no exitosas en determinada área se liberan para ser asignados en otros campos. No hay en este proceso aniquilación alguna, se trata de utilizar mecanismos -en este caso los precios- para dar el mejor destino a cada uno de los factores productivos según sean los cambiantes gustos y preferencias del público consumidor.

Se trata de obtener la mayor productividad conjunta posible, lo cual, a su vez, como queda dicho, permite los mayores ingresos y salarios en términos reales, incluyendo en primer término el de los marginales. Las convocatorias de acreedores y las quiebras resultan necesarias en el mercado abierto para redireccionar los destinos de los siempre escasos recursos. Si por algún mecanismo se recurriera a estímulos para que los factores productivos empecinadamente se mantengan en sectores antieconómicos, el resultado será el derroche en el sentido más estricto de la expresión, lo cual produce externalidades negativas que se traducen en menores ingresos y salarios en términos reales.

Entre otras cosas, la desacertada concepción de la competencia que esboza Thurow, lo lleva a subrayar la importancia de que, por ejemplo, en Estados Unidos, a fines del siglo pasado, "se introdujeron las leyes antimonopólicas para impedir que otros monopolios ejercieran presiones en el mercado" (p. 261). Pero por el contrario, la historia económica de Estados Unidos muestra que aquellas leyes antimonopólicas, paradójicamente, sirvieron para otorgar monopolios artificiales en detrimento de la competencia[38]. Como señala Gabriel Kolko[39] "a medida que existieron más competidores el poder económico quedó disperso a través de la nación, y resultó claro para muchos empresarios importantes que solamente el gobierno nacional podía revertir la situación [...] No fue la existencia de los monopolios que causaron que el gobierno federal intervenga en la economía sino, por el contrario, la inexistencia de ellos". La verdad es que muchos de los empresarios quisieron asegurarse reservas exclusivas de mercado recurriendo al gobierno quien a través de "legislación antimonopólica" logró el objetivo.

Los monopolios naturales, es decir, aquellos que aparecen como consecuencia del respaldo que obtienen de sus congéneres, resultan indispensables para el progreso. Si hubiera una estricta ley antimonopólica nada nuevo podría aparecer y nada nuevo podría descubrirse. Si estos monopolios resultaran atractivos, atraerán capital de otros sectores y se establecerán nuevas empresas. De

---

[38] Véase Richard A. Posner *Antitrust Law* (Chicago: The University of Chicago Press, 1976), Dominick T. Armentano *Antitrust and Monopoly: Anatomy of a Policy Failure* (New York: Wiley-Interscience Pub, 1982) y Roy A. Childs "Big Business and the Rise of American Statism", *Liberty Against Power* (San Francisco, CA: Fox & Wilkes, 1994).
[39] *The Triumph of Conservatism* (Chicago: Kuadrangle Pub. Co., 1967) p. 4-5.

todos modos, cuando aludimos a un mercado abierto no estamos afirmando que deba haber varias empresas, una o ninguna. Lo que queremos significar con el mercado abierto es simplemente eso: que esté abierto, lo cual quiere decir que en cualquier momento cualquiera, desde cualquier punto del planeta, puede competir si así lo considera conveniente[40]. Lo realmente inconveniente en el mercado es el monopolio artificial el cual surge necesariamente de privilegios que otorga el poder político como es el caso estadounidense de la época que acabamos de comentar. El monopolio artificial implica que los consumidores deben afrontar precios más altos, calidad inferior o ambas cosas a la vez.

El segundo punto que le preocupa a Thurow es la desigualdad: "el gobierno ha sido activamente utilizado para alterar los rendimientos del mercado y generar una distribución del ingreso más pareja de lo que habría existido si se hubiera dejado actuar libremente al mercado" (p. 251) y, según el autor, de no haberse procedido de esta manera, se hubiera producido "una fractura mayor" entre la democracia y el capitalismo (*loc. cit.*) ya que "La democracia se preocupa por la desigualdad económica del capitalismo y está tratando de reducirla" puesto que "la

---

[40] Respecto de las falacias tejidas en torno al monopolio, véase Murray N. Rothbard *Man, Economy and State* (Los Angeles, CA: Nash Pub, 1970) [1962], tomo I, cap. 10.

cuestión clave es cuánta desigualdad puede tolerar el gobierno" (p. 262-3).

Sin duda no resulta muy original la preocupación por la desigualdad de rentas y patrimonios, la cual, a nuestro juicio, es injustificada si se produce como consecuencia de los procesos de mercado abierto. Por otra parte, la desigualdades patrimoniales que ocurren como consecuencia del privilegio y la dádiva implican desperdicio de recursos dado que su utilización no está en manos de aquellos que más eficientemente sirven a sus semejantes, sino en manos de aquellos que con más eficacia se acercan al favor oficial.

En una sociedad abierta en cambio, la distribución de rentas y patrimonios es consecuencia de las preferencias de la gente. En este sentido, lo importante es la mejora en valores absolutos de los ingresos que percibe la población y, nuevamente, dichos ingresos sólo se elevan en la medida en que el capital sea aprovechado. Más aún, *las diferencias se hacen necesarias* para producir subas generalizadas del ingreso. Las satisfacciones más preciadas y más escasas naturalmente deberán estar en manos de quienes puedan pagar más y éstos, a su vez, son los que, hasta el momento, han sido más productivos en el mercado abierto. Para que muchos tengan pan es menester que algunos tengan caviar. El caviar es el incentivo para la mayor productividad que, a su vez, beneficia a otros, quienes, a su turno, podrán adquirir pan. Claro que las ilustraciones del caviar y el pan no son categorías estáticas sino móviles: lo que hoy consideramos un bien de lujo, mañana será de uso extendido si se permite el proceso que dejamos consignado.

Las diferencias de rentas y patrimonios cumplen un rol de trascendental importancia puesto que *ponen de manifiesto la importancia relativa* que el consumidor asigna a las distintas áreas productivas. Si no hubiera diferencia de rentas y patrimonios no existiría la posibilidad de evidenciar prioridades ni orden de importancia por parte de los consumidores. Si se aceptaran las diferencias patrimoniales hasta cierto punto, pasado el cual las decisiones políticas lo hacen imposible, esto significaría que la gente podría establecer prioridades sólo hasta cierto límite, pasado el cual la importancia relativa no podrá hacerse notar con lo que la asignación de recursos no será aprovechada con el consiguiente efecto negativo sobre los ingresos y salarios reales de la gente.

Por último, es necesario recalcar que libertad e igualdad patrimonial son conceptos mutuamente excluyentes, precisamente porque para producir la igualdad debe recurrirse a la fuerza, lo cual, a su vez, significa afectar la libertad.

El tercer punto a que se refiere el autor en la obra que estamos comentado alude a lo que para él son "enigmas en la distribución". Así dice que

> "Por ejemplo, la distribución del cociente intelectual (CI) es muy restringida en comparación con las distribuciones del ingreso o la riqueza. El 1% superior de la población posee el 40% del patrimonio neto total [en Estados Unidos] pero no tiene nada parecido a un 40% del CI total. Simplemente no hay individuos con cocientes intelectuales miles de veces más altos que lo de otras personas (hay que estar apenas un 36% por encima del promedio para figurar entre el 1% superior del CI)." p. 259

Se puede analizar esta reflexión desde dos ángulos distintos. En primer término los coeficientes intelectuales constituyen mediciones arbitrarias de la inteligencia como lo han señalado entre otros Popper y Gardner[41]. Etimológicamente la expresión inteligencia proviene de *intuslegere*, esto es captar el sentido de las cosas, la capacidad de interrelacionar y elegir caminos, todo lo cual está pre-

---

[41] Karl Popper y Konrad Lorenz *El porvenir está abierto* (Barcelona: Tusquets, 1992) [1985] Popper p. 138-40 y Howard Gardner *Inteligencias múltiples* (Barcelona: Paidós, 1995) [1993]. Véase también Isaac Asimov *Thinking about Thinking* (New York: Avon Books, 1976) p. 198 y ss.

sente en los seres humanos en muy diversas direcciones y para muy diversos propósitos. En ese sentido, todos los seres humanos somos inteligentes sólo que para diversos cometidos.

En segundo lugar -aun aceptando la aludida concepción de inteligencia y la posibilidad de establecer un *ranking* universal- tampoco tiene sentido sostener que haya un enigma por el hecho de que no exista un correlato entre patrimonios netos y calificaciones de aquellos *tests* de coeficiente intelectual. No hay ningún enigma porque ese patrimonio neto es básicamente fruto de talentos y capacidades que se estiman independientemente de las susodichas mediciones del coeficiente intelectual.

Básicamente se trata de la capacidad de descubrir nuevos arbitrajes. Pero el autor continua con este análisis y dice que "Además, hay una relación no-lineal entre el talento y el sueldo [...] la gran riqueza tampoco se genera con un paciente proceso de ahorro y luego reinversión con las tasas de rendimiento que se describen en los textos de economía" (p. 260). Ilustra esto con el caso de Bill Gates, sobre quien hace el siguiente comentario "se enriqueció *al encontrar una oportunidad* o ser *suficientemente afortunado* para disfrutar *una situación donde los mercados están dispuestos* a capitalizar y multiplicar sus ganancias actuales en vista de su futuro potencial. Su compañía *fue suficientemente afortunada* al adquirir un sistema operativo de otra compañía que había ido a la quiebra [...]" (p. 260-61). Hemos puesto en cursiva algunos conceptos para resaltar que el "encontrar una oportunidad" o "una situación donde los mercados están dispuestos" o, en ese caso, el "adquirir un sistema operativo" es lo que caracteriza el rol del empresario. No nos parece pertinente que se haga aparecer como que la función empresarial procede de una especie de ruleta y de simples hechos de fortuna (dos veces insiste en atribuir el éxito a que se es "suficientemente afortunado"). Ya hemos hecho mención a lo que significa la "suerte" pero el mantenimiento de cuadros de resultado atractivos es consecuencia de visiones y descubrimientos que otros no poseen y que hay que mantener en el tiempo. Si por "relación no-lineal entre el talento y el sueldo" se quiere significar que hay saltos en las remuneraciones que el autor considera no guardan proporción con el talento, debemos precisar que lo relevante es la opinión de la gente que consolida o revoca determinadas posiciones y, asimismo, establece proporciones que a juicio de un tercero pueden no resultar justificadas. Si los empresarios estiman y establecen proporciones que se alejan de las que sugiere el mercado, tendrán sus días contados como empresarios.

Lo anterior en modo alguno quiere decir que el empresario exitoso nunca se ve favorecido con situaciones que no habría calculado, sólo estamos subrayando que la función empresarial no es una especie de lotería sino que requiere de un *skill* para visualizar arbitrajes y mantenerlos en el tiempo.

En cuarto lugar, el autor se refiere brevemente al tema de los valores. En este sentido se interroga

"¿Pero quién va a determinar cuáles son los valores que se deban inculcar a los jóvenes? Para esta pregunta el capitalismo no tiene respuestas. Los valores son como las preferencias individuales. No tienen una posición trascendente. En el capitalismo, la meta del sistema es obtener la máxima satisfacción personal, permitiendo a los individuos que hagan sus propias elecciones personales [...] los individuos prefieren y dan lugar al libre intercambio de los mercados, y hay pocas elecciones sociales para hacer. Los ideales sociales como la honestidad o la igualdad brillan por su ausencia [...] Los valores o preferencias son la mazmorra del capitalismo. Son lo que el sistema les permite ser, pero no hay teorías capitalistas acerca de las buenas o malas preferencias, ninguna teoría capitalista sobre cómo nacen los valores y ninguna sobre cómo se deberían modificar o controlar los valores." (p. 290 y 292)

Nos parece que hay cierta mezcla de conceptos en estas afirmaciones. Vamos a dividir nuestros comentarios en cuatro grupos. En primer término Thurow no advierte que el capitalismo, el liberalismo clásico o la sociedad abierta necesariamente implican el pluralismo, lo cual significa que la gente tiene distintos valores y proyectos de vida. El único valor que tienen en común (a veces llamado "bien común") es el respeto recíproco a los derechos de las personas. En las sociedades abiertas queda excluida la posibilidad de un dictador o que se "juegue a Dios" imponiendo ciertos criterios axiológicos que se juzgan superiores.

En este contexto, no hay comités de sabios que alegan mayores conocimientos acerca de lo que en verdad les conviene a los demás. Todos los valores y preferencias son respetados, a menos que lesionen derechos de terceros, en cuyo caso, se recurrirá a la fuerza defensiva para rectificar la situación. Esto último está vinculado con el segundo grupo que alude a la honestidad. Si por honestidad entendemos el cumplimiento de la palabra empeñada y la exclusión del fraude y la violencia, esto está necesariamente presente en la sociedad abierta (es inherente a ella), de lo contrario, se aplican los castigos correspondientes puesto que, en este plano, deshonestidad implica estafa a otros. Si, en cambio, extendiéramos el concepto de deshonestidad al fuero íntimo del plano individual, esto es, aquello que queda reservado a la conciencia de cada uno, esto naturalmente no hace a la esfera del poder y la fuerza sino sólo a quienes deseen persuadir pacífica y voluntariamente a otros de la conveniencia de determinadas conductas.

El tercero y cuarto grupo también se vinculan entre sí. Por una parte, el autor alude nuevamente al concepto de igualdad. Como hemos dicho, si esto se refiere a la igualdad de derechos, se trata de un pilar consubstancial a la sociedad abierta. Si, por el contrario, se refiere a la igualdad de patrimonios queda excluida de la sociedad abierta por las razones antes apuntadas. Por otra parte y en este mismo contexto, a Thurow le preocupa que en el capitalismo no haya posibilidad de "modificar o controlar los valores" Efectivamente, esa posibilidad no existe porque no hay razones que autoricen la imposición de conductas más allá del mencionado respecto recíproco.

De más está decir que el capitalismo, el liberalismo clásico o la sociedad abierta son condición necesaria aunque no suficiente para la realización de las potencialidades del hombre en busca del bien. Según sean sus valores y sus conductas correspondientes se actualizarán o no dichas potencialidades, de lo cual no se desprende que el fuero íntimo y el ámbito estrictamente privado deba ser absorbido por las estructuras políticas regenteados por funcionarios que imponen sus criterios a otros. La sociedad abierta está basada en el libre albedrío y en la responsabilidad individual. Por el contrario, los regímenes totalitarios han alegado siempre el conocimiento de valores que deben ser acatados por los gobernados.

La preocupación por imponer valores se ilustra con los dos próximos puntos de nuestro análisis (el quinto y el sexto en nuestra secuencia). Por una parte, Thurow critica lo que él considera es una especie de aislacionismo o imposibilidad de constituir equipos de personas en el capitalismo y, por otra, considera que aquel sistema adolece de una grave miopía en cuanto a la relación presente-fututo. En este sentido, dice que

> "Biológicamente, algunas especies son animales solitarios que viven solos excepto cuando se aparean. Otras especies se agrupan en rebaños o manadas. El hombre evidentemente pertenece a las últimas. Toda sociedad humana eficiente tiene que admitir esta realidad, pero el capitalismo no lo hace [...] el capitalismo, con el triunfo de la individualidad, no

puede reconocer oficialmente la necesidad del trabajo en equipo [...] precisamente cuando la necesidad de utilizar las actividades humanas en equipos altruistas pareciera requerir un mayor compromiso." (p. 291 y 322)

El individualismo significa el respeto por las autonomías individuales, significa que todos tienen derechos inalienables, de lo cual para nada se desprende el aislacionismo. Muy por el contrario, la cooperación social requiere del intercambio libre y voluntario con otras personas para poder progresar. Por el contrario puede afirmarse que el intervencionismo estatal es aislacionista desde que interfiere y obstaculiza las relaciones de intercambio (por ejemplo, a través del mal llamado "proteccionismo" arancelario tan combatido por el sistema capitalista).

Un razonamiento similar puede aplicarse al trabajo en equipo, consecuencia de mejores resultados que se obtienen cuando unos colaboran con otros a través del intercambio de bienes y servicios. La individualidad y el trabajo en equipo no sólo no son incompatibles sino que, en la sociedad abierta, los incentivos operan para llevarlos a cabo cada vez que resultan necesarios para las partes involucradas. En realidad esta es la explicación de las relaciones interindividuales o "sociedad" la cual está sustentada en la cooperación social.

Por el contrario, todos los ejemplos de intervencionismo estatal trazan una marcada tendencia hacia sistemas autárquicos y aislados al tiempo que dificultan la tarea en equipo puesto que dicho intervencionismo por lo menos perjudica a una de las partes en el intercambio. Muy distinto por cierto resulta esa entelequia que el autor denomina "equipos altruistas". El altruismo implica el bienestar de otros a costa del propio bien, lo cual resulta imposible ya que toda acción obedece al interés del sujeto actuante. Como hemos consignado antes, las acciones filantrópicas no equivalen a conductas altruistas puesto que, nuevamente, satisfacen al filántropo (está en su interés el aplacar las necesidades de quienes está ayudando).

Respecto de la relación presente-futuro, el autor nos dice que "El capitalismo es eficiente precisamente porque aprovecha los impulsos competitivos y despiadados de la codicia, y el deseo de enriquecerse obliga a incrementar al máximo las ganancias" (p. 296) y a continuación explica que en el mercado se está sobrevalorando el presente en detrimento del futuro (p. 298-300) para concluir que "La mayor desventaja del capitalismo es su miopía. Tiene intrínsecamente un horizonte a corto plazo" (p. 301).

En este sentido el autor se explaya del siguiente modo

"Desafortunadamente, el capitalismo no es un conjunto de instituciones sociales ni normas que compensan la natural tendencia individualista de enfatizar el corto plazo. En el capitalismo nadie puede decir que un individuo debería consumir menos o invertir más. Los individuos tienen todo el derecho de consumir su ingreso total o incluso consumir más de su ingreso total utilizando las hipotecas o los préstamos crediticios. Si todos los individuos eligen no ahorrar, la sociedad en su conjunto no puede crecer, pero ese todavía es el derecho del individuo. El capitalismo no es una doctrina que prometa un máximo de crecimiento. Solamente promete satisfacer las preferencias individuales [...] En el capitalismo no hay ningún análisis del futuro. No hay ningún concepto que diga que alguien debe invertir en plantas y equipos, habilidades, infraestructura, investigación y desarrollo, o protección ambiental necesarios para el crecimiento nacional y el mejoramiento de los niveles de vida individuales. Simplemente no existe un 'deber' social desde el capitalismo [...] Esto plantea una pregunta simple.

SOCIALISMO DE MERCADO

¿Quién está a cargo del sistema social? En vista de que el capitalismo considera que no existe sistema social alguno, su respuesta sería que nadie. Pero esta no es una respuesta aceptable en el siglo veintiuno [...] En cierto sentido más profundo, los valores capitalistas también están en contradicción con el capitalismo. El capitalismo triunfará o fracasará sobre la base de las inversiones que haga, pero predica una teología del consumo [...] Sin una organización social todos tienen un incentivo para medrar a costa ajena, disfrutando de todos los beneficios que existan sin ningún esfuerzo para preservar el sistema que hace que los beneficios existan [...] Si se pretende que el capitalismo subsista en el largo plazo, debe hacer inversiones que no sean en el interés propio inmediato del individuo, sino en el interés de la comunidad humana en el largo plazo [...] Antes, si uno preguntaba qué debía hacer el gobierno en las sociedades capitalistas para mejorar las condiciones de vida, la respuesta socialista era poseer y administrar las empresas comerciales. La respuesta demostró ser incorrecta. La respuesta correcta es impulsar un alto nivel de inversión pública y privada." (p. 312-18-19-21 y 23)

Los comentarios que lleva a cabo el autor respecto de lo que sería la visión presente-futuro que considera es inherente a una sociedad abierta, resultan aún más desafortunados que los anteriores. Buena parte de la crítica queda implícita en otras de nuestras consideraciones. Debemos agregar aquí que en el plano puramente mercantil, la antedicha relación consumo presente-consumo futuro dependerá de las preferencias de la gente, a su vez influidas por la estructura de capital que pone de manifiesto la tasa de interés. La preferencia temporal establecerá cuánto ha de consumirse en el presente y cuánto ha de ahorrarse e invertirse para consumir en el futuro. Según sea la seguridad jurídica y los marcos institucionales correspondientes, las empresas encaran emprendimientos de muy largo aliento con procesos que comienzan con extensos períodos de investigación y desarrollo cuyo producido a veces se ve luego de transcurrido mucho tiempo.

El horizonte temporal es entonces consecuencia de las valorizaciones de operadores en el mercado y de las escalas valorativas de los consumidores y, en otro plano, todo aquello que se pone de manifiesto en ámbitos extramonetarios. Pero muy al contrario de lo que dice Thurow, en la medida de la injerencia gubernamental, las tasas de ahorro tienden a declinar debido a que los precios relativos resultan distorsionados, lo cual conduce a consumo de capital. Al contrario de lo que sugiere Thurow, son los políticos los que sobrevaloran el presente e infravaloran el futuro debido a los incentivos que produce la campaña electoral para una gestión de gobierno hoy en detrimento de resultados que eventualmente cosecharán otros gobernantes.

El autor incluso dice que "Si una madre o un padre son capitalistas pragmáticos no invertirán o no deberían invertir en dieciséis años de educación para sus hijos" (p. 99), lo cual deriva de rendimientos de inversiones alternativas. Pero no es esto lo que exclusivamente miran los padres que desean otorgarle a sus hijos una buena educación puesto que, entre otras muchas cosas, no tienen a la vista la magnitud monetaria del retorno que producirá aquella inversión educativa. Thurow deriva de esto la necesidad de enfatizar en la educación estatal porque "Las inversiones educativas que son irracionales para los individuos pueden ser inversiones sociales muy racionales" (p. 300), como si las perspectivas de millones de personas fueran de peor calidad que las proyectadas desde los aparatos políticos que no sólo no conocen a los candidatos como los padres sino que al imponer programas y bibliografías no se permite el aprovechamiento de la diversidad de vocaciones e inclinaciones, se bloquea la competencia educativa y, consiguientemente, desmejora la calidad[42].

En séptimo lugar, Thurow se refiere al concepto del poder. Le preocupa que "En las sociedades capitalistas democráticas el poder proviene de dos fuentes: la riqueza y la posición política" lo cual considera que son "principios antitéticos acerca de la correcta distribución. [...] En todas las sociedades de larga data los poderes político y económico han ido juntos. Cuando existe una desconexión semejante, aquellos que poseen poder económico tienen una oportunidad de sobornar a los que detentan el poder político, a fin de imponerles las normas y regulaciones que necesitan para enriquecerse aún más y aquellos con el poder político tienen un incentivo para persuadir a los que poseen el poder económico de que los conviertan en ricos, de modo que puedan disfrutar de los mismos niveles de vida material que sus amigos poderosos en la esfera económica" (p. 258 y 266).

Esta desconexión que alarma tanto a Thurow resulta vital para preservar las bases de una sociedad abierta. La

---

[42] Véase E. G. West *Education and the State* (Londres: The Institute of Economic Affairs, 1965), George Roche *The Fall of the Ivory Tower* (Washington, D.C.: Regnery, 1994) y Alberto Benegas Lynch (h) "Education in an Open Society" *An Austrian in France - An Autrichien en France. Festschrift in honour of Jacques Garello - Essais rédigés en l'honneur de Jacques Garello* (Torino: La Rosa Editore, 1997), Kurt Leube, Angelo M. Petroni y James Sadowsky, eds.

riqueza debe ser consecuencia exclusiva de la eficiencia para servir la demanda que se detecta en el mercado. Por su parte, el poder político debe mantenerse aislado de esta esfera para -en esta instancia del proceso de evolución cultural- cumplir sus funciones específicas de proteger los derechos de las personas. Cuando se abren avenidas que permiten el vínculo entre los empresarios y el poder, aquellos se desvían de sus funciones amparándose en la política y, por tanto, el poder político abarca áreas que no le corresponden. Este entrecruzamiento resulta fatal, de ahí es que se hayan establecido toda clase de contralores y fraccionamientos al poder para evitar desbordes. En otras faces del proceso de evolución en que estamos inmersos es posible que se descubran procedimientos que fortalezcan los incentivos en dirección a una mejor protección de las libertades individuales, eliminando algunos de los riesgos que presentan las antedichas interconexiones, lo cual significaría alejarse aún más de las propuestas de Thurow.

En octavo lugar, el autor nos anticipa qué puede suceder a su juicio si no se adoptan las soluciones que él propone:

"A falta de una visión que pueda generar los enormes esfuerzos de reestructuración que serían necesarios para comenzar a reducir la desigualdad y hacer que los salarios reales aumenten ¿qué puede ocurrir? ¿Cuánto pueden aumentar la desigualdad y caer los salarios reales antes de que algo estalle en la democracia? [...] Es indudable que los sistemas sociales pueden estallar. La reciente e inesperada inclusión repentina de la URSS es un buen ejemplo. Pero para que se produzca el estallido deben haber algunos estandartes alternativos bajo los cuales la población pueda reagruparse rápidamente. En el caso del comunismo esa alternativa fue 'el mercado', el capitalismo. Pero si este último no produce resultados aceptables, simplemente no hay otro sistema alternativo bajo el cual la población se pueda reagrupar [...] El peligro no es que el capitalismo implosione como lo hizo el comunismo. Sin un competidor viable hacia el cual la gente se pueda volcar si no está satisfecha con el trato que recibe del capitalismo, este último no se puede autodestruir. Las economías faraónica, romana, medieval y de los mandarines tampoco tenían competidores y se estancaron durante siglos hasta que finalmente desaparecieron. El estancamiento y no la implosión es el peligro." (p. 276 y 340)

SOCIALISMO DE MERCADO

Entonces, si a criterio de Thurow, el socialismo no produce resultados y el capitalismo tampoco ¿cuál sería la salida?:

"Sin un competidor social, será tentador para el capitalismo ignorar sus deficiencias internas [...] Los partidos del ala izquierda tienen una tarea más ardua. Su función es tener una visión utópica del futuro que proporcione la fuerza impulsora para el cambio. A menudo sus visiones son inalcanzables o impracticables, pero hay elementos dentro de ellas que se pueden utilizar para construir una sociedad mejor [...] Siendo totalmente público, el modelo del comunismo no puede funcionar. Siendo totalmente privados, el modelo del feudalismo y el modelo implícito del capitalismo tampoco pueden funcionar. Ni el consumo exclusivo ni la inversión exclusiva pueden surtir efecto. En la próxima era, el capitalismo tendrá que crear nuevos valores y nuevas instituciones que permitan un balance estratégico entre dichas áreas." (p. 285, 271-2 y 324).

He aquí otro destacado académico que no parece comprender el proceso de mercado y, por tanto, lo acepta exclusivamente debido a que ha probado su alta productividad pero, simultáneamente, en los hechos, sostiene que hay que recortarlo para proceder al distribucionismo ejecutado por el sector público, y en ese recortar queda el mercado en el camino. He aquí otro ejemplo de quien pretende un tratamiento separado de la producción y la distribución sin percatarse que aludir al ingreso es otro modo de aludir a la producción: se trata de otra forma de ver un fenómeno inescindible.

Thurow comienza las primeras líneas de su libro sosteniendo que "Desde el comienzo de la revolución industrial, cuando el éxito llegó a ser definido como el aumento material de los niveles de vida, ningún sistema económico que no fuera el capitalismo ha dado resultado en ninguna parte. Nadie sabe cómo manejar economías de éxito sobre la base de cualquier otro principio. El mercado, y sólo el mercado, manda. Nadie lo pone en duda" (p. 15). ¿Nadie lo pone en duda? Pensamos que el autor no sólo lo pone en duda sino que en los hechos afirma la incompetencia del mercado y, por ende, concluye que el aparato político debe manejar la distribución del ingreso. Admite que los extremos en estos manejos son inconvenientes (p. 262) pero no percibe que en la medida en que se acaten sus consejos, en esa misma medida, se estará perjudicando a quienes Thurow aparentemente desea proteger.

SOCIALISMO DE MERCADO

7. Frank Roosevelt

Profesor de economía y uno de los compiladores, Roosevelt[43] explica en su ensayo qué debe rechazarse y qué debe adoptarse de Marx para construir el socialismo de mercado. Así explica que Marx no le asigna ningún rol al mercado en la economía post-capitalista en donde operará la "sociedad cooperativa basada en la propiedad común de los medios de producción" (*Crítica al programa Gotha*, tesis avalada por Engels especialmente en *Anti-Düring*). A pesar de esta visión de Marx, Roosevelt sostiene que

> "Hoy, sin embargo, muchos de los socialistas democráticos se mueven, tanto en la teoría como en la práctica, hacia una posición en la que le otorgan un rol a los mercados. 'El socialismo de mercado' está visto como una forma posible de implementar los valores socialistas en el contexto de un sistema económico eficiente y, por tanto, como una posibilidad de revivir el proyecto socialista apartándose de los modelos ortodoxos de planificación central y propiedad estatal." (p. 123)

---

[43] "Marx and Market Socialism", en *Market Socialism?: Voices..., op. cit.*

Marx no le otorga ningún rol al mercado porque no comprende la necesidad de coordinar el proceso productivo y, por tanto, tampoco acepta la idea de la división del trabajo, lo cual se ve especialmente en *La ideología alemana* en donde él, junto con Engels, sostiene que en la sociedad comunista las personas podrán "cazar a la mañana, pescar al mediodía, criar ganado durante la tarde [y] discutir después de la comida...". Según Marx, en el régimen comunista "la sociedad regulará la producción general y por tanto hace posible que uno se dedique a una cosa un día y a otra al día siguiente...". Afirma Roosevelt que el socialismo "[...] instaurado en Europa del Este no produjo mejores resultados que el capitalismo como consecuencia de la idea errónea de Marx de que el mercado podía simplemente abolirse" (p. 125). En la página siguiente dice que, por ejemplo, cuando Marx se refiere a "una comunidad de individuos libres que llevan a cabo sus trabajos en el contexto de los factores de producción en uso común" no explica cómo funcionará esa organización económica "él simplemente asume que eso será posible". Roosevelt formula diversas críticas a la idea de abolir el mercado e intenta algunas explicaciones sobre las dificultades que surgirán cuando se adopta esa política pero afirma que la propiedad común de los medios de producción se derivaría lógicamente de la premisa marxista. La premisa consistiría en que la etapa anterior de la sociedad comunista -el capitalismo- producirá la abundancia plena. Así dice Roosevelt: "Hay sin embargo un postulado [marxista] que si fuera correcto nos permitiría ignorar todos los problemas que surgen de la propuesta de Marx en cuanto a la abolición del mercado. Esto que se asume es la abundancia" (p. 128). En ese caso "no tendríamos que preocuparnos de las prioridades sociales ni ocuparnos de la asignación de escasos recursos de modo eficiente. Por el contrario, podríamos gozar de un estado de cosas en el cual la eficiencia no sería importante y virtualmente todas las necesidades sociales podrían ser fácilmente satisfechas" (*ibídem*). Marx y Engels en *El manifiesto comunista* sostienen que "Durante su aplicación [la del capitalismo] durante apenas cien años, los burgueses han creado fuerzas productivas más colosales y masivas que todas las generaciones anteriores juntas" y en *La ideología alemana* subrayan que el capitalismo es una precondición de la sociedad comunista. De ahí Roosevelt concluye que se asume la abundancia (p. 128) "por tanto en la visión de Marx, la sociedad comunista no tendrá que pelear con 'el problema económico', podrá lograr sus metas en un medio de abundancia" (p. 129). Anotamos al margen que esta lectura sobre Marx y

Engels -en cuanto a que asumen la abundancia- no nos parece ajustada rigurosamente al sentido del texto, pero sin duda que si este fuera el caso no tendría sentido la propiedad privada de bienes y servicios, ni tampoco el mercado.

Según Roosevelt, hay seis verdades básicas que el socialismo de mercado debería tener en cuenta de las enseñanzas de Marx. La primera es que "el capitalismo exacerba las desigualdades económicas y necesariamente conduce a la organización de clases sociales y las luchas entre ellas. Me resulta obvio que Marx tenía razón cuando adhería a la tendencia inherente de los mercados a generar desigualdades [...] divisiones de clases y las bien sabidas formas capitalistas de dominación y explotación" (p. 129-30). Ya hemos aludido al rol de las desigualdades y aludiremos a la explotación cuando más abajo comentamos el trabajo de David Winter, sólo agregamos aquí que Marx basaba las diferencias de clases en la teoría del polilogismo, la cual consiste en afirmar que la estructura lógica del burgués difiere de la estructura lógica del proletario. Marx ni ningún marxista explicaron en qué consisten estas ilaciones lógicas diversas ni qué estructura lógica tendría el hijo de un burgués y una proletaria o como se transformaría la mente de una proletario que asciende a la condición de burgués.

"Un segundo defecto de las economías de mercado que Marx señala es que son inherentemente inestables. Argumenta que toda economía de mercado será inestable mientras la decisión de producción sea realizada por individuos o empresas sin coordinación social. Esto hace que la economía sea vulnerable a cambios de expectativas respecto del futuro. Cuando hay una moda optimista en el ambiente, las empresas tenderán a expandir su producción, a contratar más trabajadores y a usar más factores productivos hasta que, *por una razón u otra*, el optimismo se reemplace por el pesimismo y las tasas de producción se reducirán, los trabajadores serán despedidos y así sucesivamente. Las variables macroeconómicas -producción total, inversiones, empleo y similares- tenderán a fluctuar debido a la manera en que se realizan las decisiones microeconómicas. Como resultado, una economía de mercado fracasará en cuanto a la utilización de recursos humanos y materiales y no producirá la cantidad de producción que, en otras circunstancias, podrá ser creado y consumido. Con recursos muchas veces ociosos y con necesidades humanas insatisfechas, una economía de mercado resulta irracional y tiende al derroche." (p. 130)

La cursiva de la cita anterior es nuestra para poner énfasis en que no parece razonable que Roosevelt aluda a "una razón u otra" como si se tratara de un capricho o algo misterioso. Una razón u otra implica que la información dispersa que provee el mecanismo de precios hace que se optimice la producción y la consiguiente satisfacción de necesidades de la gente. Los ciclos económicos son precisamente consecuencia de la intervención gubernamental en el mercado, especialmente a través de políticas monetarias que distorsionan la tasa de interés, lo cual, a su vez, hace aparentar una mayor dosis de ahorro que hace que se malinvierta, situación que se pone en evidencia en el punto crítico inferior del ciclo habitualmente llamado *crack*, donde el mercado requiere el ajuste y el consecuente saneamiento de la economía[44]. El tercer punto que le concede Roosevelt a Marx es su "profundo

---

[44] Cuando más abajo analizamos el trabajo de David Winter comentaremos brevemente el significado de la llamada "planificación indicativa". En este sentido Roosevelt dice que "Dado que las economías de mercado son inherentemente inestables las fluctuaciones en las tasas de crecimiento pueden ser atenuadas recurriendo al planeamiento indicativo que permite a la multitud de operadores económicos coordinar sus decisiones y establecer metas de producción y, al mismo tiempo, se dejan de lado los efectos indeseables de la planificación central" (p. 134).

impulso comunitario" y su "solidaridad social" (p. 131) por lo cual concluye que "Se hace necesario promover una forma de propiedad social de los medios de producción que pueda distribuir el ingreso de modo más equitativo lo cual, al mismo tiempo, evita las consecuencias negativas de la propiedad estatal. Los modelos que proveen empresas poseídas por la comunidad y los trabajadores pueden lograr estos objetivos" (p. 134). El antropomorfismo marxista (que proviene de Hegel) es avalado por Roosevelt recurriendo al subterfugio de la "propiedad social de los medios de producción" como si esto fuera diferente de la propiedad estatal de los medios de producción concretado por el uso y la disposición de los burócratas en el poder. En este sentido, la teoría del *public choice* ha hecho mucho por clarificar el fetichismo de estos antropomorfismos. Curiosamente, de este modo, Roosevelt cae en lo mismo que le critica a Marx y a Engels cuando dice que "el problema es que Marx y Engels no explican *quién* representa 'la sociedad' y *cómo* la 'regulación de la producción' será lograda para asignar eficientemente los recursos" (p. 124).

El cuarto punto en el que Roosevelt coincide con Marx es que el mercado tiende a convertir todo en mercancías (Marx refiere este punto especialmente en *La pobreza de la filosofía*). Dice Roosevelt que "Para contrarrestar esta tendencia de la economía de mercado de convertir todo en una mercancía deben realizarse esfuerzos conscientes en la dirección opuesta. Fronteras explícitas deben establecerse en torno al mercado para salvaguardar otras relaciones que deben quedar fuera del mercado. Determinados bienes y servicios deben ser provistos 'gratuitamente' a través del sector público tanto porque los ciudadanos tienen un derecho a ellos [...] o porque resultan socialmente deseables y que el mercado no los producirá (por ejemplo [...] la capacitación laboral y la recreación pública). La expansión del sector de las empresas cuyos propietarios son los trabajadores harían de contención para que el trabajo en sí mismo no sea una mercancía" (p. 134-35). En este sentido dice Roosevelt que "Debemos de aprender de Marx a no ser intimidados por los mercados" (p. 135). La distinción entre el mercado y el no-mercado consiste en que en el primer caso los precios se expresan en términos monetarios. Como han explicado Lionel Robbins[45] y Ludwig von Mises[46] la economía alude a los procesos de elección, de preferencia, es decir, a la acción humana. Por esto es que autores

---

[45] *Naturaleza y significación de la cienica económica* (México: Fondo de Cultura Económica, 1944) [1932].
[46] *Human Action: A Treatise on Economic Principles* (Yale University Press, 1949) cuarta parte.

como Friedrich Hayek[47] y Thomas Sowell[48] han explicado que no hay tal cosa como fines económicos. Economización es sinónimo de selección y de preferencia lo cual abarca todos los actos del ser humano. La economía estudia las implicancias lógicas de la acción humana, es decir, los ingredientes que están presentes en todo acto del hombre. El proceso de elegir determinados medios para la consecución de determinados fines es el ámbito de la ciencia económica[49]. Entonces es la gente la que decide libre y voluntariamente cuándo recurrir y cuándo no recurrir al mercado.

Es importante destacar que el socialismo de mercado difiere de los intentos a que anteriormente nos hemos referido para calcular económicamente sin precios. En estos casos (Lange, etc.) se intentaba *sustituir* al mercado a través de procesos de simulación. El socialismo de

---

[47] *Law, Legislation and Liberty* (The University of Chicago Press, 1976) vol. II, p. 113.
[48] *Knowledge and Decisions* (New York: Basic Books, 1980) pp. 79-80.
[49] Desde luego que otros campos del saber también estudian la acción humana, pero desde otros ángulos: la *ética* pretende explicar cuáles deberían de ser los medios y cuáles deberían de ser los fines, la *psicología* pretende explicar por qué el hombre eligió determinados medios y determinados fines y la *historia* describe cuáles fueron los medios y los fines que se seleccionaron en determinados períodos de tiempo y cuáles las consecuencias queridas y no queridas que aquella elección.

mercado, en cambio, pretende utilizar el mercado[50]. Por otra parte, en esta última cita de Roosevelt, las empresas propiedad de los trabajadores y la "promoción autogerencial de los trabajadores" (p. 135) provoca una malasignación de los recursos humanos ya que estos procesos, en la práctica, serían decididos por el aparato político. Sin duda que si tomamos aquellas expresiones en el contexto de una sociedad abierta concluimos que todas las empresas están manejadas por trabajadores, puesto que el empresario es un trabajador, pero, sin duda, este no es el sentido que le atribuye Roosevelt y los socialistas de mercado.

Por otro lado, debe destacarse que no hay tal cosa como la provisión de bienes de forma "gratuita". Siempre estos procesos derivan de las decisiones políticas de sacar recursos de unas áreas para entregarlos a otras áreas. Desde las preferidas por los consumidores hacia las preferidas por los gobernantes, lo cual, como antes hemos mencionado, obstaculiza las tasas de capitalización y, consecuentemente, tiende a reducir salarios e ingresos en términos reales. Este fenómeno se acentúa si se agrega a las funciones gubernamentales la capacitación laboral y las tareas de esparcimiento y distracción.

---

[50] De una forma tal que tiende a anularlo pero lo que aquí queremos poner de manifiesto es la diferencia entre aquellas posiciones de los socialistas tradicionales y las que ahora estamos describiendo.

SOCIALISMO DE MERCADO

El último punto que hace Roosevelt es el de la alienación del trabajo expuesto por Marx principalmente en *Los manuscritos económicos y filosóficos de 1844*, esto es, la "actitud alienante hacia el mecanismo de mercado que dejan a las personas sin ninguna posibilidad de influir en las decisiones sociales importantes que afectan sus vidas" (p. 133). Concluye Roosevelt diciendo que "Consecuentemente, una de las cuestiones más importantes para los socialistas de mercado es en qué grado el trabajo puede humanizarse en empresas competitivas dentro del mercado [...para así] lograr un mejor balance entre competencia y cooperación" (p. 132 y 135). Esto, según Roosevelt se logra a través de las antes mencionadas empresas que serían propiedad de los trabajadores.

El sentido marxista de la alienación (concepto tomado de Hegel aunque con una acepción menos universal y circunscripta al trabajador) significa que en el régimen capitalista -y debido a sus instituciones- el hombre se encontraría manejado por fuerzas más allá de su control, le arrancarían su identidad, estaría despojado de ella y lo asimilarían a lo inanimado como la máquina, estaría enajenado, trastornado, desapropiado y, como consecuencia, sería presa de un enorme vacío existencial[51]. Muchos de

---

[51] Algunas reflexiones de marxistas como Erich Fromm constituyen notables contribuciones a la comprensión de temas como el interés personal, el problema de medios y fines y, curiosamente, el significado del poder y del

los autores que adhieren a la teoría de la alienación en el contexto del régimen capitalista, proponen sustituirlo por regímenes de fuerza que, en la medida de su aplicación, producen verdadera alienación, mientras que el capitalismo como sociedad abierta permite la acción de hombres libres asumiendo la responsabilidad por sus actos, al tiempo que limita el poder político y produce la mayor cantidad de bienes y servicios posibles. De más está decir que, como hemos dicho, la libertad es condición necesaria aunque no suficiente para la realización del hombre. La actualización de sus potencialidades dependerá de sus valores pero, en ese sistema, deberá respetar proyectos de vida de otros.

8. James Tobin

Este premio Nobel en economía discrepa con la tesis básica de Adam Smith concretada en la expresión de la "mano invisible"[52]:

---

autoritarismo. Véase por ejemplo de este autor *Man for Himself* (New York: Henry Holt & Co., 1990) [1947] y *El miedo a la libertad* (Barcelona: Planeta-Agostini, 1993) [1941]; sin embargo cuando se refiere al campo laboral, a nuestro juicio, incurre en severas contradicciones con los temas anteriormente expuestos, las cuales surgen principalmente debidas a la aplicación del concepto de alienación.
[52] "One or Two Cheers for the Invisible Hand" en *Market Socialism?: Voices... op. cit.*

SOCIALISMO DE MERCADO

"Hay grandes divergencias intelectuales entre la tesis de la mano invisible de Adam Smith y las modernas pruebas científicas acerca del óptimo respecto de la solución que brindan los mercados competitivos [...] Sabemos que hay un *trade-off* entre la eficiencia y la igualdad, sólo para mencionar un tema importante de la distribución. Tal vez el producto bruto nacional deba maximizarse permitiendo el reino de la libertad y no gravando las ganancias de las empresas, de los talentosos, de los sin escrúpulos y de los que tienen suerte, dejando a los débiles, los ignorantes y los que no tienen suerte a sus propias fuerzas o a la caridad privada. Dudo que esto pueda ser así. Pero aun si fuera cierto resulta una caricatura desagradable de una buena sociedad. Un sistema sin distorsiones fiscales o intervenciones regulatorias es una quimera. La cuestión es siempre el tema que Arthur Okun [*Equality and Efficiency: The Big Trade-Off*, Washington, D.C.: Brookings Institution, 1975] ha explicitado con tanta efectividad: el balde que lleva bienes desde los ricos a los pobres siempre pierde. ¿Cuánto debe perder antes de justificar gastos de transferencias?" (p. 328).

Conviene especificar que, precisamente, en la medida que se hagan *trade-offs* entre eficiencia e igualdad se estará afectando la productividad lo cual disminuye ingresos. La tendencia a la guillotina horizontal con la idea de nivelar aumenta la pobreza de todos pero muy especialmente de los marginales sobre quienes recae con más peso el consumo de capital. Por otra parte, el "balde" que transmite recursos de los pobres a los ricos no es un proceso de suma cero como se ha señalado, sino que incrementa los patrimonios de todas las partes intervinientes y no "pierde" sino que se hace fuerte en proporción a las tasas de capitalización. Suena peyorativo o despectivo el decir que los menos afortunados deben dejarse "a sus propias fuerzas o a la caridad privada". Debe subrayarse que ésa ha sido ha sido la condición original de nuestros ancestros. En regímenes de libertad no había tal cosa como el mal llamado "estado benefactor" (mal llamado puesto que la beneficencia es realizada con recursos propios y voluntariamente). El esfuerzo de cada uno y la ayuda voluntaria de otros fue lo que permitió el progreso a sociedades antes del advenimiento de las concepciones de Beveridge y Bismarck.

Las *friendly societies*, los montepíos, las cofradías, la sociedad de socorro mutuo, las asociaciones de inmigrantes y las sociedades de beneficencia ponen de manifiesto ayudas notables a los huérfanos, las viudas, los desvalidos, sistemas privados de pensiones, becas para estudios, etc.[53]. Existe un estrecho correlato entre libertad y caridad. El avance del "estado benefactor" ha degradado la inclinación natural a la solidaridad con el prójimo, en parte convenciendo a muchos que esa tarea y esa responsabilidad es función del gobierno y en parte debido a la succión de recursos que implica esa política todo lo cual produce un severo "efecto desplazamiento". Por otro lado el estado benefactor ha conducido a un deterioro del concepto del derecho haciendo que muchos demanden de los bolsillos de otros, lo cual, en no pocos lugares, se ha traducido en preceptos "constitucionales" lo cual institucionaliza pseudoderechos o aspiraciones de deseos que infringen daños irreparables al orden jurídico compatible con una sociedad abierta. En segundo lugar, Tobin afirma que

> "Smith dice, y sus actuales adherentes repiten, que las motivaciones egoístas y la información local es suficiente para guiar las decisiones económicas in-

---

[53] Véase el libro, en preparación, de Alberto Benegas Lynch (h) y Martín Krause *En defensa de los más necesitados*, esp. los capítulos II, III, IV,VI y VII, donde se exhiben numerosos datos históricos sobre caridad y beneficencia.

dividuales de manera tal que se optimiza el conjunto. La teoría moderna requiere mucho más: el *clearing* simultáneo de todos los mercados, incluyendo aquellos bienes futuros y contingentes, de una información completa y global que sea disponible para todos los agentes. Los teóricos de la economía podrán buscar refugio metodológico en la aseveración de que todos los modelos, incluyendo la teoría general del equilibrio, es una metáfora simplificada de la realidad y que su coherencia debe ser juzgada tomando en cuenta las implicancias y la evidencia predictiva de las observaciones en el mundo real. Hasta ahora no hay evidencia convincente de esa congruencia, nada permite que se acepte las proposiciones formales del modelo.

La mano invisible, especialmente en la versión del equilibrio general que presenta la teoría formal, requiere que los agentes no tengan poder en el mercado y se basen en los precios determinados para una lista predeterminada de bienes [...] Lo que sucede en los Estados Unidos respecto de los *mergers* y conglomerados empresarios, la atrofia de la política *antitrust* que se piensa debe aplicarse solamente a la conspiración y refleja el amplio e indefinido *Zeitgeist* del laissez-faire." (p. 329)

SOCIALISMO DE MERCADO

Adam Smith explica que todos actuamos en nuestro interés personal (en última instancia, esto puede aparecer como una tautología puesto que sólo concebimos un acto voluntario cuando está en interés del actor realizarlo), señala que "El productor o comerciante [...] solamente busca su propio beneficio, y en esto, en muchos otros casos, está dirigido por una mano invisible que promueve un fin que no era parte de su intención atender"[54]. Recurriendo nuevamente a terminología de la teoría de los juegos, el sistema smithiano muestra que cada uno, en las transacciones, al seguir su interés personal, estima obtener una ganancia lo cual conduce a un resultado de suma positiva. Cuando hablamos de mercados abiertos estamos simultáneamente diciendo que deben existir normas o marcos institucionales que garanticen este proceso. Normas justas de conducta y mercados constituyen el anverso y reverso del mismo proceso. A esto se opone el que Smith ha bautizado como "el hombre del sistema"[55] para indicar la presunción del conocimiento de quienes pretenden dirigir los procesos sociales como si se tratara de un tablero de ajedrez, desatendiendo las inclinaciones lí-

---

[54] *An Inquiry into...* op. cit., p. 669-70.
[55] *A Theory of Moral Sentiments* (Indianapolis: Liberty Classics, 1969) [1759] p. 380.

citas de los participantes[56]. Pero el sistema smithiano nada tiene que ver con la "información completa" ni el "equilibrio" ni otros supuestos de la competencia perfecta que implican la ausencia del rol del empresario y la misma competencia, puesto que no hay posibilidad de arbitraje si hay información completa y equilibrio. Por su parte, las asociaciones y vinculaciones de diversa naturaleza entre las empresas para nada afectan a los procesos de mercado y la "atrofia de las leyes *antritrust*", como hemos visto operan en un sentido opuesto al que insinúa Tobin ya que, paradójicamente, los monopolios artificiales son consecuencia de dicha legislación[57].

Tobin concluye que no se puede aceptar acríticamente el mercado libre. Por el contrario sugiere que "los economistas adopten una actitud más cauta, pragmática y discriminatoria" (p. 321). Más adelante dice que "[...] personalmente pienso que la teoría de la mano invisible es del todo irrelevante a los efectos de las políticas macroeconómicas de estabilización" (p. 329-30) y ofrece

---

[56] Véase Thomas Sowell "Adam Smith in Theory and Practice", *Adam Smith and Modern Political Economy*, G. P. O'Driscoll, comp. (Iowa University Press, 1979), Friedrich A. Hayek "Adam Smith's Message in Today's Language", *New Studies in Philosophy, Politics and Economics and The History of Ideas* (University of Chicago Press, 1978), Edwin Cannan *A Review of Economic Theory* (New York: Kelley, 1964) p. 164 y ss y Alberto Benegas Lynch (h) *Poder y razón razonable* (Buenos Aires: Editorial El Ateneo, 1992) cap. V.

[57] Véase *ut supra*, nota # 38.

SOCIALISMO DE MERCADO

cinco ejemplos centrales muy resumidos de algunos casos en los cuales deberían intervenirse los mercados.

El primer ejemplo se refiere a los recientes problemas en Estados Unidos en el área del ahorro y préstamo (p. 331), lo cual, como se ha explicado reiteradamente, es consecuencia de la intervención gubernamental directa[58]. En este contexto, en la misma página, Tobin dice que "La idea de que la 'moneda privada' puede reemplazar al dinero gubernamental es ridícula"[59]. La segunda ejemplificación gira en torno de que "Los mercados privados evidentemente tienen una gran dificultad en concentrarse en largos períodos de tiempo [...] Los mercados financieros no son guías confiables para las gerencias porque están dominados por especuladores" (p. 335). La expresión "mercados privados" resulta curiosa puesto que no hay posibilidad de otro tipo de mercados y la aseveración de que son "miopes" (p. 335) e incapaces de encarar proyectos de largo aliento ya fueron explicados cuando alu-

---

[58] Véase Harry P. Figgie, Jr. *Bankruptcy 1995* (Boston: Little, Brown & Co., 1992) p. 97 y ss, 114 y 147 y, sin aludir directamente al problema de las sociedades de ahorro y préstamo, Kevin Dowd muestra los peligros de estructuras financieras y bancarias reguladas que aparentan ser sistemas libres en "U.S. Banking in the 'Free Banking' Period", *The Experience of Free Banking* (Londres: Routledge, 1992), K. Dowd (ed.).

[59] Elípticamente se refiere a las elaboraciones de F.A. Hayek y a sus continuadores en esta materia; véase Alberto Benegas Lynch (h) "Sobre la propuesta monetaria de Hayek", *Centro de Estudios Públicos*, Santiago de Chile, N° 59, Invierno de 1995.

díamos a Lester Thurow, pero en esta frase resulta peculiarmente llamativo el fundamento de por qué no serían confiables los mercados financieros: "están dominados por especuladores". Todos los operadores en el mercado son especuladores, más aún, todos los seres humanos somos especuladores. La especulación implica que, *ex ante*, el sujeto actuante estima que pasará de una situación menos satisfactoria a una que le proporcione mayor satisfacción, lo cual incluye las ganancias monetarias. Contrariamente a lo que afirma el autor, la existencia de especuladores es lo que permite optimizar la estabilidad y brindar la mejor información posible. Por ejemplo, en el área de la producción agrícola de granos, si no hubiera especuladores que compren inmediatamente después de la cosecha, retengan en silos y vayan vendiendo en el transcurso del año, los precios al consumidor bajarían abruptamente en la cosecha para después hacer un pico acentuado en los precios. Los especuladores liman esos picos y ofrecen estabilidad. Del mismo modo que lima las diferencias el arbitraje entre dos zonas donde un mismo producto tiene precios diferenciales. En este caso, el especulador comprará donde es más barato y venderá donde es más caro lo cual hará que los precios en el primer lugar suban y en el segundo bajen hasta igualarse (descontando fletes).

SOCIALISMO DE MERCADO

El tercer ejemplo alude a la crisis energética de los años 70, situaciones para las que "Los mercados de capitales y de bienes no parecen tener horizontes suficientemente largos para señales confiables" (p. 335). Es interesante recordar que durante la mencionada crisis el presidente Carter estableció precios máximos al petróleo con lo cual se produjeron colas en las estaciones de servicio y se estimuló el uso del petróleo en las industrias y los domicilios particulares, lo cual implicó una escasez artificial del bien junto con la desaparición de las necesarias señales en el mercado de sustitutos. En otros términos, por no confiar en las señales del mercado, se aceleró el consumo de petróleo, se produjo escasez y no se trasmitían las señales para trabajar en energía solar, hidráulica, nuclear, etc. Es decir, el peor de los mundos, mientras Carter se hacía fotografiar en mangas de camisa en la Casa Blanca para demostrar que no consumía aire acondicionado[60].

El cuarto ejemplo es el de las externalidades, tema en el que considera que "El teorema de Coase parece ser un fundamento *para* la intervención gubernamental más

---

[60] Para explicaciones adicionales sobre la referida crisis energética véase Charles Koch *The Energy Crisis* (Melo Park, CA: Institute for Humane Studies, 1961), Wilson Clark *Energy for Survival: The Alternatives to Extinction* (New York: Anchor Books, 1976), William E. Simon *A Time for Truth* (New York: McGraw-Hill Book Co., 1978) cap. II, III y IV y Robert L. Bradley, Jr. *Oil, Gas and Government* (New York: Growman & Littlefield Pub., 1996) dos tomos.

bien que en contra de ella" (p. 336). El argumento de las externalidades apunta a que los bienes públicos sean manejados por el gobierno, de lo contrario, se sostiene, dichos bienes no se producirán o estarán producidos a un nivel subóptimo debido a los *free-riders*. Ahora bien, prácticamente todas las actividades producen *free-riders* (este ensayo, si sirve para fortalecer los principios de las sociedad abierta, producirá *free-riders* no sólo para quienes lo leen y no pagan derechos de autor sino para quienes ni siquiera lo habrán leído). Cuando funciona el mercado muchas de las externalidades se internalizan, como por ejemplo, en las áreas de la protección marcando con letreros las casas protegidas, la televisión por cable, los satélites codificados o las ballenas con censores. Los bienes en cuestión se producirán cuando la satisfacción que proporcionan excede el eventual fastidio debido a que otros no paguen. Cuando estos proyectos se llevan a cabo, la resultante, por definición, es una cantidad óptima, puesto que eso es la asignación que resuelve el mercado[61].

---

[61] Para ampliar el tema de los bienes públicos véase David Schmidtz *The Limits of Government: An Essay on the Public Goods Argument* (Oxford: West View Press, 1991), Hans Hermann Hoppe "Falacies of the Public Goods Theory and the Production of Security", *The Economics and Ethics of Private Property* (Norwell, MA: Klewer Academic Press, 1993) y Alberto Benegas Lynch (h) *Hacia el autogobierno: una crítica al poder político* (Buenos Aires: Emecé Editores, 1993) p. 320 y ss. Para una interpretación completamente diferente de la que hace Tobin sobre el teorema de Coase véase David Friedman *Price Theory* (Dallas: South-Weston

Por último, ofrece el ejemplo de los problemas ecológicos que, precisamente, son consecuencia de la indefinición de derechos de propiedad. En este sentido, reiteramos las referencias bibliográficas que consignamos al principio de este ensayo[62]. En este contexto Tobin se queja de que la ayuda de los países ricos a los países pobres estimula es crecimiento de la población (p. 337). Aquí conviene subrayar que las ayudas gubernamentales a otras naciones, sea directamente o a través del apoyo logístico que brindan agencias internacionales del estado, tienden a producir mayor pobreza puesto que los receptores reciben los recursos (generalmente coactivamente detraídos de los contribuyentes de otras partes) a más baja tasa de interés y plazos más largos que los que estipula el mercado, por tanto se malguía la asignación de recursos permitiendo que se encaren actividades antieconómicas, al tiempo que se suele estimular la continuación de las políticas que producen la pobreza que se desea paliar[63].

Publishing Co., 1986) p. 424 y ss., prólogo de Gary S. Becker. También D. Friedman nos ha inspirado para el análisis de "bienes públicos" en *The Machinery of Freedom* (La Salle, ILL: Open Court, 1989) segunda edición, [1973].

[62] Nota # 15.

[63] Para ejemplos de estos resultados véase especialmente Melvin Krauss *Development Without Aid* (New York: McGraw-Hill, 1983), Peter Bauer *Equality, the Third World and Economic Delusion* (Harvard University Press, 1981) y Alberto Benegas Lynch (h) *Contra la corriente* (Buenos Aires: Editorial El Ateneo, 1992) p. 382 y ss.

El tema de la población está muy bien tratado por Thomas Sowell quien dividió la población total del planeta por el número de kilómetros cuadrados que tiene el estado de Texas, en Estados Unidos, y a su vez lo dividió por cuatro para concluir que, poniendo toda la población del planeta en Texas, cada familia tipo de cuatro personas podría vivir en un espacio de seiscientos veintiocho metros cuadrados. Asimismo, muestra que la densidad poblacional en Calcuta es la misma que la de Manhattan y la de Somalía es la misma que la de Estados Unidos, para concluir que el problema es de marcos institucionales compatibles con una sociedad abierta y no de cantidad poblacional[64].

En conexión con sus ejemplos, Tobin concluye que "La creciente confianza en la mano invisible por parte de economistas políticos y el público en general llega en un momento en que se observan más y más razones para dudar de ese principio" (p. 334). Por nuestra parte no vemos "la creciente confianza" en los principios smithianos y especialmente en "la mano invisible", más bien observamos un alejamiento de dichos postulados, en parte por escritos como el de Tobin y, por otro lado, no encontramos las razones por las cuales se habrían refutado aquellos principios. Finalmente sostiene que "existen límites a

---

[64] *The Economics and Politics of Race* (New York: Basic Books, 1979).

los extremos de la desigualdad que la democracia puede tolerar especialmente cuando la televisión muestra incesantemente el lujo de estilos de vida de los ricos ante los ojos de una juventud pobre que no puede aspirar a esos bienes" (p. 338). Una de las grandes ventajas de la revolución que se ha producido en las áreas de las comunicaciones es que no sólo nos permiten saber qué ocurre en otros lugares y permiten convertir a nuestro planeta en una 'aldea global' sino que abren las puertas para conocer mejores estilos de vida y mejores procedimientos para lograrlo al tiempo que se ofrecen ejemplos de marcos institucionales civilizados y, por ende, mejores niveles de vida y los contrastes en otras regiones donde se aplican otras ideas.

La inclusión de este premio Nobel en economía en esta compilación revela una vez más que el "síndrome Mill" y la idea básica del socialismo de mercado están presentes en muchos autores aunque no recurran explícitamente a esta denominación, como es también el caso de los primeros autores que analizamos en este ensayo.

9. David Winter

La compilación de la que participa este autor de la London School of Economics resultó de una reunión de la

Sociedad Fabiana con la idea de reformular las ideas socialistas luego de la segunda derrota del partido laborista en Inglaterra, en 1983. El ensayo se titula "Socialismo de mercado y la reforma de la economía capitalista"[65]. "Este capítulo -dice Winter- se ocupa de las formas estructurales que un gobierno partidario del socialismo de mercado debería adoptar si asume el poder en una economía capitalista" (p. 139). Igual que otros autores, la idea que tiene Winter del capitalismo se aleja mucho de aquella situación en que los impuestos resultan mínimos para circunscribirse a las tareas de protección y justicia. Muy por el contrario Winter sostiene que "En los últimos cincuenta años, por diversas razones, todos los países capitalistas han encontrado que es necesario incrementar sustancialmente el tamaño del sector público" (p. 140). Es cierto lo que señala Winter en cuanto al crecimiento del sector público, pero dista de ser cierto que este fenómeno deba atribuírsele al capitalismo.

Winter señala con razón que "Los socialistas de mercado, igual que la mayoría de los socialistas antes que ellos, apuntan a erradicar de la forma más completa posible las desigualdades de ingresos que surgen como consecuencia de la propiedad de activos industriales" (p. 162), por tanto "[...] un gobierno que adhiere al socialismo de

---

[65] en *Market Socialism, op. cit.*

mercado debería dirigir la mayor parte de sus esfuerzos reformistas a reemplazar las leyes que definen el derecho de propiedad capitalista en un contexto socialista" (pp. 163-4). Ya nos hemos referido a la importancia decisiva que reviste y al rol que desempeña la desigualdad de ingresos y patrimonios en el proceso de mercado, pero Winter sostiene que esas diferencias surgen de la explotación. Así nos dice que "Los trabajadores son explotados en el sentido de que cuando venden sus servicios laborales al capitalista, el valor de estos servicios para el capitalista es mayor que el valor de los bienes y servicios que los trabajadores pueden comprar con su salario" (p. 143). Este enfoque de la teoría de la explotación pasa por alto que en toda transacción ambas partes valoran de modo distinto lo que entregan y lo que reciben. Sin duda que para el empleador el servicio prestado por el empleado tiene más valor que lo que puede significar para él mismo, de lo contrario no hubiera ofrecido sus servicios. Del mismo modo tiene más valor para el empleado el monto que recibe como salario que lo que puede significar para el empleador esa misma suma. Pero en realidad, explica Winter que la clave de la explotación reside en que el empleador recibe ingresos como contrapartida de algo que no ha producido (p. 144). Según la teoría marxista de la explotación, el empresario remunera a las personas que contrata por un monto menor de lo que "en realidad vale" el servicio y la diferencia que retendría el empleador la denomina *plusvalía*, la cual es el *sobre-trabajo* desde la perspectiva del empleado (según Marx esta diferencia surgiría del trabajo socialmente necesario en relación al costo del trabajo socialmente necesario). Pero las disquisiciones[66] surgen de la premisa básica de que el empleador paga menos de lo que vale el servicio del empleado lo cual es erróneo puesto que, como hemos apuntado al principio, los salarios e ingresos en términos reales dependen de la estructura de capital y no de la voluntad de las partes contratantes. Si el empleador ofreciera menos del salario de mercado sencillamente no encontrará quien contrate con el.

Por otra parte, Winter explica que

"La explotación en las modernas economías del capitalismo industrial surgen de dos clases de desigualdad. La primera y probablemente la más importante es el resultado de las diferencias en cuanto a la propiedad de activos productivos. La segunda

---

[66] Cabe conjeturar que la revolución marginalista de 1870 hizo que Marx interrumpiera sus escritos ya que echaba por tierra la teoría del valor-trabajo sobre la que basó su teoría de la explotación (según Engels, Marx tenía redactados los tomos segundo y tercero de *El Capital* antes de la publicación del primero en 1867, tomos aquellos dos que no se publicaron en vida de Marx).

surge como consecuencia de que la gente aporta al mercado distintas habilidades laborales [...] El socialismo está primeramente y antes que nada ocupado de eliminar la desigualdad que surge como consecuencia de la desigualdad en la propiedad de activos industriales. La reducción de la desigualdad de ingresos que resulta de los diversos talentos innatos es claramente un punto difícil de resolver. El lugar obvio para comenzar a resolver este último problema estriba en la educación [...] los capitalistas explotan a los trabajadores porque, cuando participan en las actividades económicas, pueden utilizar las considerables ventajas que otorga la acumulación de activos que poseen en propiedad [...] Una característica persistente del capitalismo consiste en la escasez relativa de los factores físicos de producción y la abundancia relativa del trabajo. Esta abundancia ha sido artificialmente estimulada a través de sacarle a la gente la posibilidad de contar con activos productivos [...] Este proceso puede definirse como uno a través del cual la nueva tecnología crea escaseces adicionales de capital. A través de convertir al capital viejo en equipos no rentables, ayuda a crear la escasez del nuevo tipo de capital [...] Observamos que el capitalismo se traduce en una continua introducción de nueva tecnología y la continua creación de nuevas escaseses relativas de capital [...Por otra parte] los empleadores encuentran que los trabajadores no calificados son más fáciles de controlar [...por tanto] los capitalistas encuentran que la 'des-capacitación' constituye un camino valioso para asegurarse el mantenimiento de las ganancias." (pp. 144-45-48-49-50-51-52-53).

En estas reflexiones encontramos tres problemas centrales. En primer término, la clasificación entre las habilidades que se presentan en el mercado laboral y la propiedad de activos productivos no resulta relevante a los efectos de este análisis. Como hemos dicho antes, las tasas crecientes de capital obligan a que los ingresos y salarios en términos reales se eleven. Los talentos innatos o adquiridos, en abstracto, significan muy poco sin el concurso de la estructura de capital. En este contexto, el talento debe vincularse a las apreciaciones que realizan los consumidores en el mercado y, como queda dicho, la productividad de cada uno está determinada por la inversión *per capita*. Este razonamiento desde luego no desconoce la importancia de la capacitación, por esto es que el segundo punto que queremos señalar estriba en el error de Winter de suponer que el régimen capitalista apunta a una regresión en la capacitación puesto que esta depende a su vez de las estructuras de capital y no de la voluntad de los empleadores, quienes, por otra parte, reclaman mayor preparación y mejores conocimientos para lograr sus propios objetivos.

El tercer punto consiste en subrayar que la observación que el autor dice que ha realizado respecto de una mayor escasez de capital en relación al trabajo contradice la evidencia empírica disponible, puesto que allí donde los ingresos y salarios en términos reales aumentan -una de las características de las sociedades abiertas- es, precisamente, consecuencia del fenómeno opuesto al que señala Winter. Los incrementos netos de capital constituyen la explicación de las sociedades productivas basadas en la propiedad privada, en los gobiernos limitados y en los mercados libres.

Por otro lado, el autor de este ensayo sugiere que su objetivo último de limar las diferencias de ingresos puede lograrse a través de la "planificación indicativa". En este sentido, sostiene que "Un proceso de planificación indicativa provee de un marco en el que las consecuencias adversas de ciertos tipos de inversiones pueden ser consideradas antes de que la inversión tenga lugar [...] La planificación indicativa puede [también] servir para reducir los riesgos involucrados en las decisiones de inversión"

(p. 152 y 156). La sugerencia de una "planificación indicativa" no constituye una sugerencia original ya que esta propuesta se ha formulado en muy diversas circunstancias. Es importante subrayar que una simple "indicación" desde el poder resulta intranscendente, irrelevante y, por tanto, inocua. A lo que apunta toda planificación es a lograr las metas propuestas, para lo cual se requiere inexorablemente de la compulsión. En otros términos, "planificación indicativa" resulta un eufemismo o un subterfugio a que se recurre para ocultar consciente o inconscientemente la verdadera naturaleza de la planificación gubernamental. Por otra parte, la información dispersa que recoge el sistema de precios proporciona la mayor documentación posible respecto de los riesgos que se asumen en las correspondientes decisiones de inversión. Resulta en verdad una presunción del conocimiento la pretensión de contar con información antes de que la misma esté disponible. La optimización de la información que se obtiene a través del mercado permite sacar la mejor partida posible de las inversiones, lo cual no significa que no se cometan errores, los cuales se reflejarán en los respectivos cuadros de resultado. Pero estos errores no pueden anticiparse por "mentes superiores" que pretenden conocer más del conocimiento disponible.

SOCIALISMO DE MERCADO

En otro plano, pero también referido al riesgo, Winter explica que

"Es notable como muchos millonarios consideran que sus logros son prácticamente el resultado exclusivo de sus propios esfuerzos, cuando en verdad el hecho es que son consecuencia de los esfuerzos de miles de otros, además del propio [...] Un argumento adicional que pretende respaldar la retención de las ganancias por los capitalistas consiste en que solamente ellos asumen la responsabilidad por los riesgos involucrados. Así la ganancia, si tiene lugar, es la contrapartida de aquellos riesgos. Los trabajadores no enfrentan ningún riesgo y por lo tanto no merecen una parte de las ganancias. La objeción a este argumento es que es equivocado el asumir que los trabajadores no enfrentan riesgos. Si la empresa no es exitosa los trabajadores pueden ser despedidos. Aún [...] la situación será más grave si la empresa quiebra. En este caso los trabajadores pueden perder los salarios que se les debe además de sus trabajos. Por tanto la mayor parte de los trabajadores enfrenta algún tipo de riesgo cuando trabaja en una empresa, mientras que los capitalistas que son dueños de una variedad de activos productivos pueden reducir los riesgos si diversifican sus operaciones. Si son exitosos en este campo prácticamente no enfrentan riesgo alguno." (p. 155-56).

Sin duda que todo en la vida implica un riesgo puesto que la certeza es un imposible para los mortales. Cuando se alude al riesgo del empresario y su vinculación con los empleados, se apunta a que el primero debe pagar a estos últimos los salarios convenidos *independientemente* de los resultados de sus operaciones que pueden arrojar pérdidas o ganancias. La combinación de factores productivos en la esperanza de dar en la tecla con los gustos y deseos de los consumidores es la tarea empresarial y es remunerada por el riesgo consiguiente, lo cual no es óbice para que algún empleado se constituya en un buen administrador de los recursos de accionistas ávidos de ganancias. Sin duda que la quiebra perjudica a los acreedores en la medida en que no puedan ser satisfechos sus justos títulos, de lo cual no se deriva que los proveedores asuman el riesgo (típicamente empresarial) para la empresa a la cual venden sus bienes y servicios. Pero la llamada planificación indicativa apunta a que los "capitalistas compartan la propiedad con la fuerza laboral una vez que la empresa alcance cierta dimensión" (p. 157) puesto que antes Winter había dicho que "si hay innovadores que no innovan sin aquellos incentivos, tendrán que hacer sus innovaciones en otra parte. Los costos externos que imponen al resto de la sociedad son demasiado altos" (p. 156). Este enfoque efectivamente limitará los incentivos de las empresas para mantenerse dentro de determinada dimensión, lo cual significa que la producción estará retaceada y, consecuentemente, lo estarán también los niveles de capitalización y los ingresos y salarios en términos reales.

La planificación indicativa también apunta a supervisar las deficiencias que según Winter se producen en la empresa debido al excesivo control gerencial ya que "Mientras las ganancias se mantengan, los administradores están libres de conducir el destino de la empresa como quieren hasta que aparezca una oferta de 'take over' por parte de una empresa rival" (p. 159). En realidad, si el objeto de los inversores-accionistas son las ganancias o el retorno sobre la inversión, no resulta muy claro qué quiere decir que los administradores pueden hacer lo que quieran con la empresa "mientras las ganancias se mantengan", lo cual, dicho sea de paso, en la práctica, significa las mayores ganancias posibles puesto que si los propietarios del capital consideran que puedan sacar mejor provecho con otros administradores, los anteriores serán sustituidos.

Este tema de la separación entre los dueños y el control de los administradores también lo esgrime Winter para el caso de las empresas estatales. Dice que "El argumento acá no es que la nacionalización nunca constituye una buena política socialista. Pueden existir circunstancias particulares o industrias particulares para las que la mejor alternativa sea que la empresa forme parte de la propiedad pública. La nacionalización no debe ser eliminada como opción. Lo que aquí estamos argumentando es que a pesar de que las nacionalizaciones resulten atractivas a los socialistas en cuanto a que constituye un método de abolir la propiedad privada de los activos industriales y por tanto de eliminar la explotación que esa forma de propiedad produce, no es un medio atractivo para reformar la economía en su conjunto. La razón principal de esto estriba en que igual que la empresa moderna, la separación de la propiedad del control tenderá a hacer que la industria opere de acuerdo a los intereses de quienes están en el control" (p. 147). Está implícito en este razonamiento que resulta mejor la "planificación indicativa" para manejar la empresa privada que la propiedad estatal de la empresa, situación en la que, aparentemente, los burócratas que la administran serían más difíciles de controlar por parte del gobierno. Este razonamiento se parece mucho más a un argumento fascista que un argumento socialista puesto que la característica de aquel sistema estriba en que la propiedad privada se otorga *de jure* mientras que, *de facto*, es el gobierno quien usa y dispone de la propiedad después de ciertos límites, para lo cual también Winter propugna la abolición de la herencia (p. 154 y 158) y que cada uno "reciba una cantidad igual de capital en su juventud" (p. 154). Si se procediera de este modo con cantidades iguales en "el punto de partida de la carrera por la vida", habrá que nivelar también a la llegada y así sucesivamente. Es inconsistente aquella metáfora tomada del deporte en la que cada uno debería de tener el mismo punto de partida (igual patrimonio) para que pueda demostrar sus aptitudes durante la carrera sin ventajas. La inconsistencia consiste en que si se equiparan los patrimonios en la largada de la carrera habrá que equipararlos también a la llegada puesto que los esfuerzos que las personas realizan durante la carrera (durante su vida) es principalmente para poder transferirle recursos a sus herederos, lo cual no resulta posible si hay una nueva nivelación en la largada siguiente[67].

Por último, Winter sostiene que "Debe resultar claro que el pleno empleo resulta una prioridad esencial a

---

[67] Aunque referido a la crítica de otro autor, en líneas generales este último argumento lo tomamos prestado de Anthony de Jasay, "Un análisis del socialismo de mercado: este círculo cuadrado", *Libertas*, N° 14, año VIII, mayo de 1991.

un gobierno que adhiera al socialismo de mercado. Esto no es solamente para incrementar el bienestar de los trabajadores; juega también un rol importante en la lógica el sistema económico que estamos proponiendo [...] En el nivel macro, la política debe apuntar al pleno empleo sin inflación" (p. 163). Resulta de gran importancia percatarse que allí donde los arreglos contractuales en materia laboral son libres y voluntarios no hay tal cosa como desempleo involuntario. No importa el nivel de pobreza o de riqueza prevalente nunca sobra aquel factor productivo que resulta esencial para la producción de bienes y la prestación de servicios. El problema económico surge debido a que los recursos son escasos y las necesidades son ilimitadas. Si los factores de producción fueran sobreabundantes, por añadidura lo serían también los bienes de consumo. Como hemos dicho al comienzo, cuando se descubren nuevos procedimientos tecnológicos para producir bienes se liberan recursos humanos y materiales para destinarlos a otras áreas que hasta el momento resultaban inconcebibles, precisamente, porque los antedichos recursos estaban esterilizados en las áreas que ahora produce la nueva tecnología. Si nos preguntamos acerca de qué "otras áreas" podrían producirse, esto quiere decir que se está suponiendo que todas las necesidades ya están satisfechas. Pongamos un ejemplo extremo: supongamos que un grupo de personas llega sin recurso alguno (fuera de su trabajo potencial) a una isla deshabitada. Seguramente estos habitantes no dirían que no hay nada por realizar debido a que no existen "fuentes de trabajo". Seguramente estos habitantes percibirían que hay todo por realizar: no les alcanzarán las horas del día y de la noche para trabajar. En la isla de Robinson y Viernes -ejemplo tan caro a los economistas- si Robinson está cosechando papas y Viernes recoge manzanas, en el intercambio papas-manzanas, Robinson estará empleándolo a Viernes en términos de uno de aquellos bienes y Viernes lo estará empleando a Robinson en términos del otro bien. Sin duda que si la estructura de capital es débil, los ingresos serán menores respecto de la situación en la que el capital es mayor, pero lo que aquí queremos consignar es que bajo ninguna circunstancia habrá desempleo involuntario.

De más está decir, que si una persona ofrece servicios que sus congéneres no demandan, aquella persona estará desempleada. Pero este desempleo es voluntario. La persona en cuestión tiene todo el derecho de ofrecer algo que los demás no requieren y también tiene derecho a mantenerse en esa posición, pero lo que no puede pretenderse es que encuentre empleo, por eso su desempleo será voluntario. Del mismo modo, si una persona demanda un salario superior al del mercado, no encontrará empleo. También este último caso es de desempleo voluntario[68]. Tal vez sirva para ilustrar nuestro razonamiento el caso de Estados Unidos comparando la situación del Este con la del Oeste. En el primer caso hay muchos desempleados debido a legislación que imponen costos laborales más allá de la relación capital-trabajo. En el Oeste hay muchos trabajadores ilegales. Trabajadores muchos de ellos que son analfabetos en inglés (y analfabetos en español). Su mercado se encuentra reducido porque no todos están dispuestos a contratar "en negro". Sin embargo, en este caso, no hay tal cosa como desempleo. La explicación es que si alguno de estos trabajadores denuncia que está trabajando bajo el salario mínimo, será deportado. En otros términos, en este último caso, el trabajador está realizando sus tareas al salario de mercado, por esto es que no hay desempleo mientras que sus colegas del Este, mucho más capacitados, deambulan por las calles. Cualquier economista sabe que cuando se establece un precio mínimo, hay un sobrante. Paradójicamente, el bien en cuestión se necesita, mucha gente incluso perece por no contar con ese bien pero resulta invendible debido a que, a

---

[68] Arriban a conclusiones opuestas a las aquí presentadas, entre otros, Jeremy Rifkin *The End of Work* (New York: Putnam's Sons, 1995), Viviane Forrester *El horror económico* (México: Fondo de Cultura Económica, 1997) [1996] y Robert B. Reich *The Work of Nations* (New York: Vintage Books, 1991).

ese precio, no se puede colocar. Lo mismo ocurre con los servicios. En este sentido es que el servicio que se ofrece en el mercado es una "mercancía", a pesar de lo cual Winter sostiene que los "socialistas no creen que el tiempo destinado al trabajo debe ser tratado en modo idéntico con otras mercancías" (p. 155).

10. David Miller

El trabajo de este profesor de Oxford se titula *Por qué mercados?*[69]. Argumenta que

> "Ahora es cierto que el capitalismo descansa en los mercados, pero su nota distintiva es que la propiedad de los activos productivos está concentrada en unas pocas manos, mientras que la mayor parte de la gente está contratada, empleada por un salario. Es posible ser partidario del mercado y estar en contra del capitalismo [...] La mayor crítica la capitalismo es que distribuye el bienestar de forma desigual y no encuentra empleo para todos los que lo desean tener al tiempo que genera diferencias excesivas de ingreso entre los distintos grupos de trabajadores por una parte, y los dueños y empleadores por otra.

---

[69] En *op. cit.* p. 25 y ss.

El socialismo de mercado apunta a rectificar estos defectos, primero, por las regulaciones públicas de la inversión para asegurar pleno empleo; segundo, al estimular el crecimiento de [algunas] formas de empresariado (especialmente las cooperativas de trabajadores) en el que el ingreso es distribuido más igualitariamente y, tercero, a través del uso de sistemas impositivos que apuntan a la redistribución como aspecto central." (p. 25 y 31-2).

Al final de su trabajo Miller concluye que "El socialismo de mercado no significa avalar sin reservas el mercado ni tampoco su eliminación, en vez de esto deberá darse una respuesta que trate de hacer justicia a las complejidades de la naturaleza humana como la vemos en torno nuestro" (p. 49). No se ajusta a la realidad el sostener que los activos productivos estén concentrados en las manos de unos pocos si ponemos en contexto la evolución histórica desde el régimen feudal a la sociedad abierta, desde la concentración del poder y la riqueza a la dispersión de la propiedad, principalmente a través de las sociedades donde la captación de ahorros se traduce en la atomización de la propiedad. Esto no quiere decir que existan más o menos empresas, quiere decir que la propiedad en general y la titularidad de las acciones en particular se distribuyen en relación directa a las tasas de capitalización que, al permitir mayores ingresos y salarios en términos reales, permite que aparezcan nuevos propietarios. Constituye una contradicción en términos el sostener que se puede ser partidario de los mercados y, al mismo tiempo, estar en contra del capitalismo, si por capitalismo se entiende un sistema cuyo aspecto medular es, precisamente, el mercado libre.

En verdad "mercado libre" constituye un pleonasmo, usamos las expresión para subrayar un aspecto medular del mercado. El "fomentar" determinadas formas de asociación empresaria implica recurrir a la fuerza para imponer modos de llevar a cabo los negocios distintos a los que hubieran resultado en libertad. Por su parte, la redistribución de ingresos, además de los efectos señalados más arriba, al apuntar al igualitarismo produce necesariamente dos efectos: el primero consiste en el desincentivo a producir para aquellos que podrían superar la marca igualadora y, en segundo término, quienes se encuentran bajo esa línea, no se esforzarán en llegar a ella puesto que esperarán la redistribución. Redistribución que nunca llegará puesto que, como queda dicho, no se producirá más allá de la mencionada marca.

Por su parte, el recurrir a políticas fiscales para alterar los resultados del mercado equivale a contradecir las indicaciones del consumidor, lo cual implica malasignación de los escasos factores productivos que se traducen en menores ingresos y salarios en términos reales. Por último, el "tratar de hacer justicia" implica, según la ya citada definición de Ulpiano, el "dar a cada uno lo suyo" lo cual no se logra si se pretenden "corregir" los resultados del mercado, es decir, modificar coactivamente los arreglos contractuales libres y voluntarios. Esto no sólo no resulta compatible con la "naturaleza humana" sino que la contradice puesto que las inclinaciones de seguir el interés personal se obstaculizan con una tendencia a la antes aludida suma cero producida por las políticas redistribucionistas.

Miller admite las dificultades que crea la planificación económica y algunas de las falacias que se esgrimen contra los mercados (p. 31 y 38) pero sostiene que

> "El socialismo de mercado requiere una planificación general distinta. Aquí, en lugar de intentar la determinación de detalles de la economía, se están estableciendo parámetros muy amplios en los que la economía encontrará su propio equilibrio [...] Los mercados deben ser corregidos a través de mecanismos distributivos [para resolver los problemas de la desigualdad de ingresos] pero si esto debe tradu-

cirse en la forma de redistribución primaria de los ingresos o la provisión de bienes y servicios fuera del mercado es algo que debe decidirse sobre la base de cada caso que se presente [...] En resumen, los mercados deben visualizarse trabajando paralelamente con otras instituciones cuyo objetivo es la redistribución de acuerdo a las necesidades." (p. 37, 43 y 45).

El enfoque del mercado corregido se traduce en el mercado del no -mercado, en la medida en que se pretenda disociar la unidad del proceso producción-distribución. Pero en el caso de Miller este enfoque está íntimamente ligado a una concepción especial de la libertad. Así dice que "La visión socialista de la libertad se centra en la idea de la elección efectiva: una persona que es libre tiene muchas opciones para elegir, pero estas opciones deben ser reales y no meramente formales. Esto implica que la libertad puede ser disminuida no solamente a través de prohibiciones legales sino también a través de políticas económicas que restan de medios materiales a la gente para que actúen de acuerdo a sus elecciones. El grado de libertad en la sociedad está íntimamente conectado a la manera en que se distribuyen sus ingresos" (p. 32). Ya antes Miller había dicho que sería desastroso permitir que se asimile una sociedad libre al capitalismo, aunque sostiene que la redistribución es sí misma no es suficiente para maximizar la libertad si no existe un sistema eficiente de intercambios, pero esta visión de la "libertad positiva" confunde la libertad en el contexto de las relaciones sociales con las limitaciones físicas, biológicas que nos impone la naturaleza. En este sentido, carece de significación sostener que no somos libres porque no podemos ir volando a la luna por nuestros medios o que somos "esclavos" de tal o cual vicio, que no somos libres de salir caminando de un avión en pleno vuelo o que no somos libres de ingerir arsénico sin sufrir las consecuencias, etc. Del mismo modo, carece de sentido establecer un correlato entre la libertad y los ingresos insinuando que sólo son verdaderamente libres los que poseen mayores recursos. La libertad implica ausencia de coacción por parte de otros hombres. Todos somos pobres o ricos según con quien nos comparemos, pero de ahí no se desprende que se pueda establecer una jerarquía de mayores o menores libertades según sean los respectivos patrimonios. No debe confundirse la libertad con la oportunidad. La posibilidad de elegir en libertad significa que otros no usen la fuerza contra nosotros. Se ha dicho que la libertad para los pobres significa "la libertad para morirse de hambre". Pero esto es confundir dos cosas de naturaleza distinta y conectarlas entre sí como si hubiera un nexo causal. Thomas Sowell ha dicho

"¿Qué libertad tiene un hombre que se está muriendo de hambre? La respuesta es que el hambre es una situación trágica y puede ser más trágica aún que la pérdida de la libertad. Pero esto no quiere decir que se trata de la misma cuestión. Por ejemplo, no importa cuál sea la gravedad relativa que se atribuya al endeudamiento y a la constipación, un laxante no disminuirá las deudas y los pagos no asegurarán 'regularidad'. En la escala de cosas deseables puede ubicarse el oro con una valorización más alta que la manteca pero no resultará posible untar un sandwich con oro y alimentarse con él. La escala valorativa no debe confundirse con cosas de *naturaleza distinta*. El hecho de que circunstancialmente algo aparezca como más importante que la libertad no hace que ese algo se *convierta en libertad*."[70]

Como ha explicado Friedrich A. Hayek la libertad "se refiere exclusivamente a la relación del hombre con otros hombres y su única limitación estriba en la coerción

---

[70] *Knowledge and... op. cit.*, p. 117.

establecida por los hombres. Esto quiere decir especialmente que el espectro de posibilidades físicas de las que puede elegir en un momento dado no tiene relación con la libertad. El escalador de montañas que se encuentra en una cima peligrosa y que ve un solo camino para salvar su vida es sin duda libre aunque pudiera decirse que no tiene otra elección"[71]. Y continúa Hayek diciendo que si esa misma persona se encontrara sin ninguna posibilidad de bajar de esa montaña sería igualmente libre y sólo metafóricamente podría decirse que "está preso" en la cima o que se encuentra "cautivo" (p. 13). Es que la libertad, dice Hayek, no necesariamente significa que nos sucederán cosas buenas y que no habrán problemas ni ausencia de males (p. 18) y que la "libertad interior" en ausencia del predominio de las pasiones es también un uso distinto de la libertad en el contexto de las relaciones sociales (p. 15). Concluye Hayek que, en este sentido, la libertad es negativa en el mismo sentido que lo es la paz (como ausencia de acciones agresivas) y "se convierte en positiva sólo a través de lo que hacemos de ella" (p. 19).

Por último, Miller no acepta que "el mercado es una especie de plebiscito en el que el consumidor registra su voto cada vez que realiza sus compras. El error de este

---

[71] *The Constitution of Liberty* (The University of Chicago Press, 1960) p. 12.

argumento es fácil de ver, consiste en que en el número de 'votos' que una persona muestra depende directamente de su ingreso, mientras que en una democracia se supone que es un sistema de igualdad política" (p. 35). A nuestro juicio, es una buena figura la del plebiscito y su correlato con el mercado (ver *ut supra* la nota 29). Sin duda que "los votos" están estrechamente vinculados al ingreso de cada uno pero, precisamente, el aumento del ingreso es una externalidad positiva de la capitalización. En otros términos, mayor cantidad de gente entrará con un número mayor de votos en la medida en que se asignen eficientemente los recursos, los cual, a su vez, implica el pleno funcionamiento del mercado. Por último, la democracia implica una igualdad política en el único sentido del establecimiento de iguales derechos para todos.

11. John E. Roemer

En este estudio que hemos efectuado en relación con las propuestas de algunos de los autores conectados con el eje central de lo que en ciertos casos se denomina "socialismo de mercado", hemos seleccionado autores y temas con la intención de evitar repeticiones, tarea que, por cierto, no resulta nada fácil debido a que al argumentarse en favor de la referida postura intelectual se producen naturalmente superposiciones. El último autor que hemos elegido para considerar sus propuestas, es profesor de economía en la Universidad de California (Davis) y uno de los compiladores de una obra que reúne ensayos sobre la materia que venimos tratando[72].

Roemer abre su ensayo con la siguiente declaración

"El fracaso económico del modelo comunista pienso que debe ser atribuido al conjunto de los siguientes tres puntos: la propiedad pública de las empresas, la asignación de muchos bienes por la administración central en lugar de por los mercados y la dictadura política. A pesar de que no se sigue lógicamente el sostener que el éxito de un modelo económico debe revertir aquellos tres puntos, muchos observadores asumen que ése debe ser el caso -que una economía eficiente requiere de la propiedad privada de las empresas, de la asignación de bienes y servicios por los mercados y de la democracia política. Mi perspectiva es que la asignación de bienes en el mercado y la competencia política son necesarias pero la propiedad privada de las empresas no lo es." (p. 89)

---

[72] "Can There Be Socialism After Comunism?" en *Market Socialism: The Current... op. cit.*

SOCIALISMO DE MERCADO

Una afirmación por cierto sorprendente puesto que, precisamente, la columna vertebral del mercado es la propiedad privada. El uso y la disposición de lo propio es lo que hace posible los precios de mercado, los cuales, como hemos señalado, brindan las señales insustituibles para la asignación de los siempre escasos factores productivos. Hay un correlato inexorable entre el mercado, los precios y la propiedad privada. No tendría sentido decir que visitamos un país en el que hay precios pero no hay propiedad privada puesto que el precio es la resultante de acuerdos contractuales entre partes que disponen de lo suyo. El mercado es el proceso por el cual se ponen de manifiesto las valorizaciones recíprocas de lo que se posee y de lo que se desea obtener, valoraciones que se traducen en el mecanismo de precios. Sin embargo, Roemer dice que, "Mientras hay un consenso general sobre el significado de la asignación a través del mercado y la competencia política (o democracia), la propiedad pública es un concepto oscuro. Ha venido a significar el control estatal de las políticas de la empresa y su apropiación de las ganancias [...] La propiedad pública definida de este modo puede transformarse en capitalismo porque el público podría decidir el remate de sus activos a la oferta privada más atractiva. Por tanto encuentro útil definir al socialismo no como un sistema donde simplemente hay propiedad pública pero un sistema en el que existen *garantías institucionales de que las ganancias serán distribuidas más o menos de modo igual entre la población* [...] mi definición del socialismo no requiere que el estado controle las políticas de la empresa ni recaude sus ganancias [...] mi definición del socialismo aparece aberrante porque, desde Marx, muchos han visto la propiedad pública como el *sine qua non* del modo de producción [...] el error consistió en asumir que la abolición de la propiedad privada requería propiedad pública" (p. 89-90). El autor continúa con su explicación para concluir que "La distribución de las ganancias no necesita ser desigual para que sea eficiente, por tanto en una sociedad compleja del siglo veinte podemos apuntar a la igualdad en la distribución del aquel componente del ingreso nacional" (p. 90). Roemer no cree que sea posible distribuir de forma igual todo el ingreso, por eso se concentra en las ganancias. Sostiene que no hay mayor discusión sobre la eficiencia de los mercados "lo que sí hay discusión es en cuanto a que si los mercados pueden funcionar sin la aplicación total de la propiedad privada o si el socialismo es consistente con los mercados, entendido aquel sistema como uno concebido en el que las ganancias como componente del ingreso nacional son básicamente distribuidos de forma igual" (p. 94). Las ganancias constituyen una parte esencial de los ingresos dado que estas (junto con las pérdidas) forman parte del único sistema de premios y castigos para encaminar la producción. Si se distribuyen las ganancias por partes iguales entre la población desaparece ese indicador clave con lo cual se desmorona la posibilidad de asignar eficientemente los recursos y con esto se desmorona el mercado.

El autor sostiene que una de las debilidades del régimen bolchevique era su "atraso tecnológico" (p. 91), el cual se debe -agregamos nosotros- a la eliminación de los incentivos y desincentivos del cuadro de resultados. A pesar de las críticas que el autor de este ensayo le formula al comunismo sostiene que fue "económicamente eficiente desde 1950 a 1970 en el que las tasas de crecimiento de alguna de las economías comunistas se encontraban entre las más altas del mundo. Sería interesante investigar qué es lo que causó este cambio aparente desde un crecimiento rápido a un estancamiento" (p. 91). Nos parece de interés anotar que, aún suponiendo ciertas las "tasas de crecimiento" proporcionadas por el mundo comunista en el período mencionado, éstas no pueden tomarse como indicación de bienestar. Al no funcionar el mercado la producción de bienes no opera conforme a los requerimientos de la gente sino a las decisiones políticas.

Para llevar el ejemplo a un extremo: no da lo mismo contar con pirámides que con leche, zapatos y teléfonos, aún suponiendo que las tasas de crecimiento de las pirámides resulten elevadas.

A continuación el autor considera el tema del principal-agente. Este fenómeno surge de las relaciones entre partes, ya sea contractuales en la sociedad abierta o hegemónicas en la sociedad cerrada. Puede decirse que quien contrata es el *principal* y el contratado es el *agente* o, para seguir una analogía en el mundo totalitario quien manda es el principal y el agente es quien obedece. Por ejemplo, en la sociedad libre, el accionista es el principal y el gerente el agente o, en otro plano, el gerente el principal y el subordinado el agente y así sucesivamente. En el caso del socialismo se ha usado esta misma expresión para aludir a los que mandan como principales y los agentes los que obedecen (aunque algunas veces se presente el sistema como que todos son principales de sí mismos). En todo caso, Roemer critica la visión bolchevique y maoísta en cuanto a que los incentivos de los principales y los agentes no serían necesarios puesto que, según aquellas visiones, en "una sociedad socialista se actuaría conforme a la transformación de las personas en lo que se solió denominar 'el hombre socialista' [...] si esto hubiera sido posible el problema de la gente hubiera resultado enormemente mitigado" (p. 91). Sin duda, que si la naturaleza humana no sería la que es, no se requerirían los incentivos que se requieren. Con razón Roemer dice que el problema principal-agente se suscitó desde diversos ángulos. Por ejemplo, en la relación gerente-trabajador resultaba imposible en el régimen comunista tener incentivos en la misma dirección puesto que el trabajador sabía que era "virtualmente imposible que fueran despedidos y que había muy poco incentivo para ganar más puesto que existían tan pocos bienes disponibles (el chiste era: 'ellos hacen como sin nos pagaran y nosotros hacemos como si trabajáramos')" y la relación gerentes-planificadores terminaba en que los primeros negociaban con los políticos "extendiendo préstamo tras préstamo a las empresas que desde el punto de vista económico eran ineficientes y debían ser cerradas. Esto además era hecho en parte porque así el sistema no reconocía oficialmente desempleo [...] y también porque el logro de las cuotas de producción planificadas generalmente se valuaban de modo independiente de los costos que implicaba aquella producción" (p. 91 y 92).

Según el autor de este ensayo los problemas del socialismo tradicional se resolverían a través de la ya mencionada igualdad en la distribución de dividendos entre toda la población y, respecto de la inversión, se pregunta

"¿Cómo se resolvería el problema del principal-agente referido al público y al planificador, esto es, cómo podría el público determinar la parte del ingreso nacional que se invertiría? Por elecciones democráticas" (p. 95). Antes de continuar con los argumentos de Roemer en cuanto a la necesidad de planificar la inversión (además de la distribución igualitaria de los dividendos), debemos señalar que no cabe extrapolar los procesos de mercado a los procesos electorales de la democracia. En el mercado no resulta la disyuntiva A o no A como ocurre en las decisiones de la estructura política, se asignan los recursos frente a una variedad muy amplia de bienes y servicios y, cada uno demanda, según sus ingresos y los gastos que aplique a la oferta disponible (que es, a su vez, modificada en el futuro por la demanda presente). En el proceso electoral este fenómeno tiene características sustancialmente distintas[73].

El autor sostiene que "el nivel y las características de la inversión en la economía deben estar planeadas. La inversión es el excedente social respecto del consumo presente y, de modo clásico, los socialistas han insistido que la sociedad debe controlar su uso a través de la planificación. Creo que las razones que utilizábamos algunos

---

[73] Véase Bruno Leoni "Voting Versus the Market", *Freedom and the Law* (Indianapolis: Liberty Fund, 1991) tercera edición, [1960, *Il Politico*]

de nosotros para respaldar la inversión planificada eran un fetichismo, pero las conclusiones se mantienen correctas por otras razones. La planificación de las inversiones resulta necesaria por dos razones: los mercados que resultan necesarios para que la inversión sea eficientemente asignada no existen y hay externalidades positivas de la inversión, de modo que, *aunque esos mercados existieran*, la determinación de la inversión por parte del mercado sería socialmente subóptima" (p. 94). Hemos puesto en cursiva una expresión que revela alguna duda del autor respecto de la existencia o no de esos mercado pero, respecto de las externalidades positivas, dice el autor que

> "La inversión en plantas, equipos y capacitación laboral incluye externalidades positivas para la sociedad en su conjunto; crean conocimiento tecnológico que puede ser utilizado para muchos propósitos más allá del propósito original que tuviera el inversor. Debido a que el inversor no puede capturar el beneficio social íntegro de su inversión, en el mercado habrá muy poca inversión desde el punto de vista social." (p. 94).

En verdad no hay criterio alguno para establecer óptimos fuera del mercado puesto que, por definición, esto es lo que requiere la gente (ya nos hemos referido más arriba al concepto de externalidades). En este sentido nos parece útil recordar la definición de Buchanan sobre el significado de la eficiencia[74].

Resulta llamativo que se sostenga que los mercados pueden funcionar, no sólo redistribuyendo las ganancias por parte del gobierno, sino planificando la inversión también a través del estado. La distribución entre consumo presente y consumo futuro depende de la preferencia temporal. Como es sabido, el ahorro es producción no consumida y el destino del ahorro -cualquiera sea éste- es la inversión. Se invierte porque se estima que el destino de los recursos tienen más valor en el futuro que en el presente. Cuando este proceso se lleva a cabo coactivamente, el destino de estos recursos para consumirse en el futuro se traduce necesariamente en derroche. Estrictamente la inversión requiere de un proceso voluntario. No alcanzamos a comprender cómo funcionaría el mercado en un contexto en el que la inversión está planificada por la autoridad política y las ganancias son distribuidas en forma igualitaria entre toda la población en base a la "distribución de *vouchers* a todos los adultos dándole a

---

[74] *Vid. ut supra* nota # 32 para referencia (definición en el cuerpo).

cada uno un derecho *per capita* equivalente a las ganancias de cada una de las empresas del país" (p. 96).

Llevado a la práctica, este sistema se traduce en menores ingresos debido a la malasignación de factores productivos inherente a la planificación de las inversiones y, por tanto, el retorno sobre dicha inversión continuará declinando lo que hará que la distribución de ganancias también sea menor. La planificación de la inversión según Roemer se traduce en la influencia que usa el gobierno, a través de instrumentos políticos, para inducir a las empresas en qué debieran invertir y cuánto invertir. Así dice que "Mis colaboradores I. Ortuño y J. Silvestre y yo hemos estudiado el grado en que el conjunto de la inversión y las áreas a invertir pueden influenciarse a través de los gobiernos que usan varios instrumentos políticos tales como tasas de interés diferenciales en un contexto en el que las empresas eligen sus propias inversiones para maximizar ganancias. Brevemente, el resultado es que el gobierno puede influir las inversiones que se lleven a cabo en una economía de este tipo tal como el ajuste a través de la tasa de interés como que también puede asignar directamente los fondos de inversión a las empresas y ordenarles que las gasten en bienes de inversión" (p. 95). La manipulación de la tasa de interés -en este caso la fijación de un tope- tenderá a que se contraigan los depósitos y se expandan los pedidos de préstamos produciéndose una faltante artificial de dinero al tiempo que los recursos disponibles deberán competir también por usos antieconómicos que sólo aparecen como rentables debido al artificio introducido en la tasa. Esto último tenderá a que se produzca una ampliación longitudinal en el proceso productivo (como si se hubiera producido una modificación en la preferencia temporal y, consecuentemente, en la cantidad de ahorro disponible). Si no se recurre a instrumentos monetarios (que agravaría el cuadro introduciéndose en el ciclo), cuando se restablezca la posición de los precios relativos las malinversiones se deberán ajustar con las consiguientes liquidaciones de activos fruto de emprendimientos que tuvieron lugar debido a la señal falsa que trasmitió la tasa manipulada.

Por otra parte, Roemer se refiere al mercado bursátil y mantiene que

> "No hay unanimidad acerca de si el mercado bursátil es necesario para disciplinar a los gerentes y proveer incentivos para inducirlos a maximizar ganancias. Modelos diferentes del socialismo de mercado pueden proponerse si es que se considera que éste es el caso [...] Yo creo que un buen monitoreo bancario puede resultar suficiente para disciplinar a los

gerentes [...] Propongo que el mercado bursátil [si existiera] debiera limitarse de la siguiente manera: los ciudadanos estarán libres de comerciar sus acciones en fondos mutuos por acciones de otros fondos mutuos pero no podrán liquidar sus portfolios. Podríamos denominar esto una economía del cupón donde todos los ciudadanos inicialmente recibirían la misma cantidad de cupones los cuales sólo podrían utilizarse para adquirir acciones de otros fondos mutuos [...] Si determinada gerencia tuviera una performance pobre, las acciones correspondientes tenderían a venderse. La caída de ese precio (denominado en cupones) será una señal para los bancos que la empresa en cuestión está en problemas, lo cual hará que la empresa resulte presionada para financiar sus operaciones." (p. 97).

Curiosamente, termina diciendo que "Sería importante que los bancos estén separados de la interferencia política -la reputación y los ingresos de los gerentes de los bancos deberían depender de la salud económica de las empresas que están monitoreando y no de los favores de los políticos" (p. 97-98). Si todo el sistema de cupones está establecido por el gobierno y si el monitoreo está inspirado por la estructura política, no vemos cómo puede establecerse una separación entre el banquero y la burocracia. El mercado de capitales resulta un instrumento vital para la transparencia y la fluidez en la asignación de factores productivos. Este mecanismo que coordina información dispersa no puede reemplazarse por un "monitoreo" de ignorancia concentrada en el respectivo comité.

En general dice Roemer que debe tenerse en cuenta que la redistribución de las ganancias tendrá también el efecto de eliminar los "public bads" (por oposición a "public goods" o bienes públicos) puesto que la gente no estará incentivada del mismo modo que en el régimen capitalista y puesto que dicha distribución de ganancias por partes iguales haría que se vea con más facilidad el beneficio a largo plazo de los bienes que realmente interesan respecto de los bienes que son perjudiciales. Ejemplo de esto último sería el "incremento en las ganancias de las empresas tabacaleras. La congestión en las carreteras también son un 'public bad' que se debe en parte a que las empresas automovilísticas han tenido éxito en inducir las preferencias de la gente hacia el transporte privado excluyendo un transporte público bien financiado" (p. 98).

En una sociedad abierta, estos dos ejemplos se encararían de un modo sustancialmente distinto. En primer término, si no hay lesión de derechos de terceros la gente tiene que tener la libertad de decidir qué bien consumir sin interferencias de la autoridad política. La descalificación *a priori* de determinado bien como el cigarrillo resulta del todo improcedente si se desean respetar las autonomías individuales. En cuanto a la congestión del tráfico, éste se debe a deficiencias en la definición de derechos de propiedad (institución que Roemer desea eliminar) puesto que si hay propiedad los precios (peaje) que pagarían quienes transitan en los vehículos serían distintos según el tráfico y según la hora del día (las horas pico costarían más para limpiar el mercado).

Con razón, termina diciendo el autor de este ensayo que "los hayekianos objetarán que ningún mecanismo económico puede operar eficientemente a menos que las empresas privadas puedan apropiarse de la totalidad de las ganancias que provienen de sus proyectos" (p. 106). Efectivamente, así es, a pesar de que Roemer diga que "el capitalismo moderno con todo su nexo complejo de las relaciones principal-agente están muy lejos del nirvana hayekiano" (p. 106). Como se puede ver en la mayor parte de la literatura de la economía y la administración de negocios, las relaciones principal-agente se traducen en un tema de incentivos que se van puliendo y ajustando en los procesos dinámicos de mercado poniendo en evidencia cuáles son los mecanismos idóneos y cuáles no lo son[75].

12. Otros autores

Estas visiones que algunos han bautizado como socialismo de mercado están muy generalizadas. Aun con terminología y andamiaje conceptual diverso otros autores apuntan al mismo paradigma: el "matrimonio de conveniencia" del mercado con el socialismo. En este contexto, Philippe Van Parijs concluye que se requiere "una concepción solidarista de la justicia"[76], Norberto Bobbio declara que "Siempre me he considerado un hombre de izquierdas [...] siempre ha sido mi malestar frente al espectáculo de las enormes desigualdades tan desproporcionadas como injustificadas, entre ricos y pobres[...]"[77], Alain Touraine nos dice que "No hay que aceptar el discurso hiperliberal sobre la iniciativa necesaria de los individuos, discurso que no tiene en cuenta en absoluto los efectos destructores de la pobreza, la desocupación y la enferme-

---

[75] Por ejemplo, véase A.M. Spence & R. Zechauser "Insurance, Information and Individual Action" *American Economic Review*, 61, 1971 y S. Ross "The Economic Theory of Agency: The Principal's Problem" *American Economic Review*, 63, 1973.
[76] *¿Qué es una sociedad justa?* (Buenos Aires: Ediciones Nueva Visión, 1992) p. 234.
[77] *Derecha e izquierda* (Madrid: Taurus, 1995) p. 171.

SOCIALISMO DE MERCADO

dad de la personalidad"[78] y el propio Francois Furet concluye que "El hombre está habituado a proyectar sobre la sociedad esperanzas ilimitadas, pues la sociedad le promete que será libre como todos, igual a todos. Pero aún es necesario, para que esas promesas cobren su sentido pleno, que el hombre pueda un día rebasar el horizonte del capitalismo, trascender el universo en el que existen ricos y pobres"[79]. Hasta Giovanni Sartori, que tantas contribuciones ha realizado a la filosofía política y con tanta simpatía participa de la sociedad abierta y la economía de mercado, aparece inmerso en el "síndrome Mill". Sostiene que "[...] la economía está destinada a producir riquezas. La política se dedica, en concreto, a la distribución o redistribución de la riqueza. Y son las distribuciones las que pueden ser declaradas de derecha o de izquierda. Pero, en todo caso, la política puede distribuir riquezas solamente si la economía la produce. Si la economía no funciona, la política ya no tiene nada que redistribuir y acaba por distribuir pobreza"[80]. Otra vez no parece percibirse que distribuir ingresos es distribuir pro-

---

[78] *¿Qué es la democracia?* (México: Fondo de Cultura Económica, 1995) p. 155 [1994].
[79] *El pasado de una ilusión* (México: Fondo de Cultura Económica, 1995) p. 570.
[80] *La democracia después del comunismo* (Madrid: Alianza Editorial, 1993) p. 97-8.

ducción, que al meter la política en la distribución se está metiendo la política en la producción.

13. Addendum

James M. Buchanan[81] relata de qué modo él y Warren Nutter cambiaron de idea desde el socialismo al liberalismo a fines de los años cuarenta en la Universidad de Chicago a raíz de las clases que impartía Frank Knight: "[...] Inicialmente los dos entramos al área de la economía como socialistas activos, una experiencia que compartimos con muchos otros miembros de nuestra edad" (p. 3).

"Mi curiosidad consistió en tratar de conocer por qué otros socialistas activos del grupo que compartieron la misma experiencia académica, incluyendo el ser expuestos a Frank Knight, no transitaron por una conversión comparable. Por qué seguían firmemente dedicados a la alternativa socialista después de haber aprendido economía -y obviamente aprendieron economía puesto que no había distinción en cuanto a los niveles de los logros académicos requeridos" (*ibídem*).

---

[81] "Liberty, Market and State", *Liberty... op. cit.*

SOCIALISMO DE MERCADO

Buchanan dice que a raíz de estas disquisiciones y estos interrogantes llegó a la conclusión que en realidad hay dos tipos de socialistas. En primer término "La persona que comparte esta perspectiva pero que atribuye un valor primordial a la *libertad* como tal. Personalmente rechaza y se opone a cualquier tentativa por parte de otros de ejercer control o poder sobre su comportamiento y sus elecciones. No le gusta el arnés. Existe un regocijo simplemente por ser libre." (p. 4). Este tipo de socialistas "ven la economía como un sistema en que la gente está manipulada y que se basa en la codicia. El genio permanente de Karl Marx estriba precisamente en esto: en su agudo entendimiento de la posible reacción de intelectuales ignorantes respecto de cómo funciona el capitalismo o el orden de mercado" (p. 4). En resumen, Buchanan dice que este tipo de socialistas adhieren a esa posición "sólo porque son fuertemente anticapitalistas" (p. 5). Y continúa diciendo

> "Consideremos ahora cómo responde esa persona cuando se encuentra frente a sólidos argumentos de la teoría económica. Piénsese su reacción cuando finalmente entiende el principio del orden espontáneo de la economía de mercado. [...] Esta persona ahora *comprende* que las elecciones en el mercado

no son arbitrarias, que limita la posibilidad de explotación del hombre por el hombre, que los mercados tienden a maximizar la libertad de las personas del control político y que la libertad, aquello que siempre constituyó su valor básico, está mejor preservada en un régimen que permite a los mercados un rol decisivo." (p. 5).

Buchanan dice que esta descripción le resulta relativamente fácil puesto que, en definitiva, es autobiográfica. Afirma que el otro tipo de socialista le resulta más difícil de explicar. Su rasgo distintivo es que "no le otorga un valor primordial a la libertad individual [...] No piensa que los individuos *deben* elegir sus propios destinos [...] Apoya entusiastamente el control colectivo sobre las vidas y las libertades de los hombres porque no considera que deban controlar sus propias vidas ni retener sus libertades. Hay una 'mejor' manera. La comunidad, la sociedad, la unidad orgánica del grupo -el estado- constituyen las entidades con las que simpatiza [...] Este tipo de personas resultan inmunes al argumento económico. La dispersión y la limitación del poder que el mercado asegura es, precisamente, la razón de su oposición a este tipo de organización" (p. 5-6). Sin embargo Buchanan no pierde las esperanzas respecto de este segundo tipo de socialistas y sostiene que en estos casos especialmente vale la pena intentar la enseñanza de la teoría del *public choice*, puesto que lo que esta persona necesita es que se le explique que su "colectivo idealizado no existe ni puede existir y que las personas en política son igual que otras, incluyendo las que actúan en el mercado, que todas persiguen sus intereses privados e individuales" (p. 6). Buchanan admite que este segundo tipo de socialistas, si entendieran el aspecto medular de la teoría del *public choice*, pueden volcarse al nihilismo debido precisamente a su rechazo a la libertad. Sostiene también que no son pocos los que reflejan una mezcla de estas dos posiciones pero, en cualquier caso, concluye que "en lo que respecta a mí, puedo entenderme mucho mejor con aquellos que propician críticas pseudomarxistas al capitalismo monopólico respecto de aquellos que argumentan sobre la benevolencia potencial del estado" (p. 7).

Sería pretencioso intentar, en abstracto, la clasificación del socialismo de mercado en una de las categorías esbozadas por Buchanan. Analíticamente la división de Buchanan resulta sumamente fértil puesto que según se conjeture una u otra posición la persona en cuestión estará más inclinada a absorber uno u otro argumento. De todas maneras, aparentemente, el primer tipo de socialista tiene mayor grado de probabilidad de moverse intelectualmente hacia el liberalismo que el segundo tipo que, de por sí, desconfía de la libertad. Este criterio clasificatorio nos puede resultar útil para poner mayor o menor énfasis en tal o cual argumentación según sean las características del socialista de mercado con que estemos debatiendo. Se trata de un método de caso por caso que no puede obviar el *ad hoc*. Pero cuando uno escribe no puede identificar la audiencia de este modo, por tanto deberían utilizarse ambos argumentos como hemos intentado hacer en este ensayo, aunque requiera más espacio aludir al significado del mercado que el explicar errores antropomórficos y, desde luego, subrayar siempre la necesidad de contar con normas o marcos institucionales que definan derechos de propiedad y permitan arreglos contractuales. También el mayor énfasis en la explicación del mercado deriva de que, "a la Buchanan", creemos que este esfuerzo resulta más provechoso puesto que apunta a un campo más fértil, cual es el de aquellos que profesan una especial consideración a la libertad aunque propongan medios inadecuados.

En base a este mismo hilo argumental, puede resultar útil conjeturar acerca de la regresión o el progreso que implicaría el socialismo de mercado tomando como punto de referencia la postura liberal. En este orden de cosas, se nos ocurren tres posibilidades. La primera es

SOCIALISMO DE MERCADO

que el socialismo de mercado constituye un retroceso en la avenida que conduce al liberalismo[82]. El socialismo de mercado utiliza la expresión "mercado" para significar algo distinto de lo que tradicionalmente se ha entendido por ese concepto. En esta asociación, ¿el mercado tiñe al socialismo o éste al mercado? Es esto último lo que ocurre puesto que el manejo estatal de la distribución, en la medida en que se produzca, anula la producción. Es como decíamos: se pretende el mercado del no-mercado. Utilizar una bicicleta para esquiar no proporciona los resultados apetecidos. Del mismo modo, recurrir a una pantomima del mercado pensando que es el mercado necesariamente termina restándole mérito, capacidad, posibilidades y efectividad. Esta primera conjetura debe verse desde dos constados distintos. En primer término, como un retroceso debido a que la etapa siguiente sería la de embretar y limitar aún más el mercado como consecuencia de los resultados negativos observados, con lo cual no sólo eventualmente se producirá un avance del socialismo sino que, simultáneamente, opera un descrédito del mercado. El otro costado en el que se puede ver esta conje-

---

[82] Al expresarnos de este modo de ninguna manera sostenemos que hay una *meta* liberal *inamovible* a la que hay que llegar. El liberalismo es, por definición, un proceso evolutivo de puntas abiertas. En este sentido, las metas son móviles; véase Alberto Benegas Lynch (h) *El juicio crítico como progreso* (Buenos Aires: Editorial Sudamericana, 1996) p. 685 y ss.

tura es en la dificultad de comunicación. Una discusión con los socialistas tradicionales del primer tipo señalado por Buchanan divide las aguas claramente y queda la lógica más al desnudo. Con el socialista de mercado se agrega una problema semántico y conceptual que dificulta y enturbia enormemente la argumentación, lo cual aceleraría el mencionado retroceso.

La segunda conjetura es la que, por el contrario, sostiene que el socialismo de mercado implica un avance respecto de los socialistas tradicionales del primer tipo clasificado por Buchanan. En este segundo caso se sostiene que la introducción del ingrediente del mercado -aun falseado- implica un primer paso en la buena dirección[83]. Sin embargo, si aplicamos el análisis de Buchanan a esta segunda conjetura deberíamos concluir que una explicación o una interpretación falaz del mercado no permitiría que el primer tipo de socialistas se abra a la argumentación liberal puesto que -siempre según Buchanan- ese primer grupo es sensible a la teoría económica sólida y no a interpretaciones desdibujadas y recortadas del

---

[83] Me cuenta Ezequiel Gallo que ese fue su caso en el tránsito del socialismo al liberalismo, lo cual, claro está, no puede intrapolarse ni extrapolarse a otros casos. De todos modos hay que tomar debida nota de este valioso testimonio personal. Por otra parte, como hemos visto, desde Mill en adelante, aún con un tronco común, no todos los que hemos agrupado genéricamente como socialistas de mercado siguen los mismos razonamientos ni arriban a conclusiones idénticas en todos los puntos.

mercado. (De más está decir que, en el tránsito de las ideas de una posición a otra, si se interpretaran los criterios clasificatorios de forma rígida no siempre se ajustaran a todas las situaciones, las que pueden incluir ingredientes no contemplados en la clasificación o contemplados de otra manera).

Habría una tercera posibilidad, la cual consiste en una combinación de las dos anteriores, esto es admitir que el socialismo de mercado sería un pequeño paso en la buena dirección pero -simultánea y paradójicamente- implicaría la instancia más difícil y crítica en el debate con los liberales puesto que, en este caso, como queda dicho, se agregan inconsistencias y problemas semánticos que no aparecen con esas características en el caso de los socialistas tradicionales.

Para terminar, es de interés transcribir la opinión de Anthony de Jasay respecto del socialismo de mercado: "Nunca antes una teoría política, en su afán por escapar de las desventajas de su predecesora, había presentado un análisis tan superficial ni tantas contradicciones internas como el socialismo de mercado"[84]. Toda persona de sentimientos nobles se siente consternada frente a la miseria. Personas que no pueden hacer frente a problemas de salud, gente que padece hambre, que no cuenta con abrigo

---

[84] *op. cit., Libertas*, p. 36

en invierno, que no dispone de lo mínimo indispensable y que pasa buena parte de su existencia en viviendas precarias: este cuadro desolador conmueve a toda persona de bien. Mirar los rostros de esas personas desdichadas es mirar a nuestros ancestros porque de ahí venimos todos. Pero la forma efectiva e idónea de ayudar a otros debe recorrer dos caminos: el primero consiste en trabajar duramente para que se comprendan las ventajas que reporta la sociedad abierta, es decir, el respeto a las autonomías individuales y los estímulos e incentivos que de allí se desprenden que, junto con las consiguientes externalidades fruto de una creciente estructura de capital, se traducen en mayores salarios en ingresos en términos reales. En segundo lugar, la beneficencia y la caridad que es obstaculizada y neutralizada por la acción disolvente de gobiernos que al incrementar la succión de recursos para "fines sociales" no sólo reduce salarios como consecuencia de la malasignación de recursos sino que también tiende a trasmitir la falsa idea de que la solidaridad con el prójimo no es responsabilidad del individuo, todo lo cual perjudica a los más necesitados. Y esto no es una cuestión del largo plazo, como hemos tratado de explicar en este libro, se trata de perjuicios presentes ya que cada vez que se redistribuye se afecta la producción.

Indice de Autores

Anderson T. L., 24
Armentano D. T., 79
Asimov I., 83

Balling R. C., 24
Bardhan P. K., 29
Bauer P., 123
Becker G. S., 123
Beckerman W., 24
Belkin D., 29
Benegas Lynch A. (h), 36, 52, 96, 115, 118, 119, 122
Berger P. L., 61
Bloom A., 14
Bobbio N., 164
Bradley, R. L., Jr., 121
Buchanan J. M., 55, 56, 158, 166, 167, 168, 169, 172

Caldwell B. J., 16
Cannan E., 118
Castañeda J., 30, 56, 57, 58, 59, 60, 63, 64, 66, 68, 71, 73, 74
Childs R. A., 79
Chomsky N., 15
Clark W., 121
Confucio, 14
Crosland C. A. R., 31

Donoghue D., 11
Dowd K., 119
Dworkin R., 30, 34, 35, 37, 39, 40

Eco U., 15
Engels F., 101, 102, 103, 104, 107, 128
Estrin S., 29

Ferguson A., 46
Figgie H. P., 119

Fontaine Talavera A., 61
Forrester V., 140
Friedman D., 122, 123
Friedman M., 36
Fromm E., 111
Fukuyama F., 18
Furet F., 165

Gallo E., 172
Gardner H., 83

Hanson C. G., 20
Hardin G., 23
Hayek F. A., 13, 20, 51, 109, 118, 119, 147, 148
Hegel G. W. F., 107, 111
Hirsch E. D., 15
Hoppe H. H., 122

Jasay A. de, 137, 173

Knight F. H., 166
Koch Ch., 121
Kolko G., 79
Krause M., 24, 115
Krauss M., 123
Kwong J. A., 24

Lachmann L. M., 15
Lange O., 52
Lavoie D., 15
Le Grand J., 29
Leal D. R., 24
Lenin, 52
Leoni B., 156
Leube K., 96
Levine B., 61
List F., 66
Lorenz K., 83
Lyoart J. F., 12

Madison G. B., 12
Marx K., 52, 74, 101, 102, 103, 105, 106, 107, 108, 111, 128, 152, 167
Mayora E., 61
Mill J. S., 25, 29, 30, 46, 172
Miller D., 31, 141, 142, 144, 145, 148
Mises L. von, 51, 108

Neurath O., 52
Nozick R., 56
Nutter W., 166

O'Driscoll G. P., 118
Okun A., 113
Ortuño I., 159

Parijs P. Van, 164
Paz O., 61
Petroni A. M., 96
Popper K. R., 12, 15, 83
Posner R. A., 79
Pounds N. J. G., 20

Rawls J., 30, 41, 42, 43, 44, 45, 46, 48, 49, 50, 54, 56
Ray D. L., 24
Reich R. B., 59, 140
Ridley M., 24
Rifkin J., 140
Robbins L., 108
Roche G., 96
Roemer J. E., 29, 31, 149, 150, 151, 152, 154, 155, 156, 159, 160, 162, 163
Roosevelt F., 29, 31, 101, 102, 103, 104, 106, 107, 108, 110, 111

Ross S., 164
Rothbard M. N., 80

Sadowsky J., 96
Santayana G., 48
Sartori G., 165
Schmidtz D., 122
Silvestre J., 159
Simon J. L., 24
Simon W. E., 121
Smith A., 62, 113, 115, 117
Sorman G, 14
Sowell T., 109, 118, 124, 147
Spence A. M., 164

Thurow L. C., 30, 75, 78, 80, 87, 88, 89, 94, 95, 96, 97, 99, 100, 120
Tobin J., 31, 112, 115, 118, 119, 122, 123, 124
Touraine A., 164
Tullock G., 63

Ulpiano, 144

Vargas Llosa M., 61

Wade R., 58
Weffort F., 58
West E. G., 96
Winter D., 31, 104, 106, 125, 126, 127, 128, 130, 131, 133, 134, 135, 136, 137, 141

Zechauser R., 164

Esta edición
se terminó de imprimir en
Cosmos Offset S.R.L.
Coronel García 444, Avellaneda,
en el mes de octubre de 1997.